Les institutions de la France

(Ve République, 4 octobre 1958)

Bernard de Gunten

Arlette Martin

Mauricette Niogret

Mise à jour en juin 2002

NATHAN

sommaire

© Nathan 1994 pour la première édition © Nathan/HER 2000 pour la deuxième édition

© Nathan/VUEF 2001 pour l'édition précédente - ISBN 2-09-183068-2

© Nathan/VUEF 2002 pour la présente édition - ISBN 2-09-183085-2

mode d'emploi

**Divisé en six parties, l'ouvrage s'organise par doubles pages.
Chaque double page fait le point sur une notion.**

à gauche
Une page synthèse apporte toutes
les informations pour comprendre
le sujet de la double page.

à droite
Une page pratique développe
un point particulier qui illustre
et complète la page de gauche.

*menu aide à repérer
six parties du livre.*

*Le titre de la page de droite
met en lumière
un point particulier.*

*Le titre annonce le thème
de la double page.*

*L'introduction
cerne le sujet.*

État
Vie politique
Administration
Collectivités locales
Justice
International

Comment est votée une loi ?

Le vote de la loi se fait selon un mécanisme complexe. Le texte est examiné successivement par les deux assemblées car c'est un texte identique qui doit être adopté. Le pouvoir législatif constitue la part importante du travail de l'Assemblée nationale et du Sénat.

● **L'initiative et le dépôt du texte**
■ Elle appartient au Premier ministre, au nom du gouvernement, c'est alors un projet de loi ; à chaque député et à chaque sénateur, c'est alors une proposition de loi.
■ Le projet de loi ou la proposition est déposé sur le bureau de l'Assemblée nationale [p. 42] ou du Sénat [p. 44]. Le projet de loi des finances est soumis d'abord à l'Assemblée nationale.

● **L'examen par une commission**
Le texte est alors examiné par l'une des six commissions permanentes [p. 46] de l'assemblée saisie ou par une commission spéciale créée à cet effet. La commission désigne un rapporteur.

● **L'inscription à l'ordre du jour**
■ La conférence des présidents [p. 46] fixe l'ordre du jour en tenant compte des priorités fixées par le gouvernement.
■ La discussion s'ouvre par l'intervention du rapporteur qui présente le texte et les conclusions de la commission. Ensuite les orateurs inscrits donnent l'avis de leur groupe politique [p. 46] sur le texte. Commence ensuite la discussion par article. Le texte initial peut subir des modifications appelées amendements.

● **Le vote**
■ Pour éviter les amendements, le gouvernement peut recourir à la procédure du « vote bloqué ». Il oblige l'assemblée saisie à adopter le texte tel qu'il est ou à le repousser sans pouvoir le modifier. Il peut engager sa responsabilité à propos d'un projet de loi.
■ Un texte est voté quand il est adopté en termes identiques par l'Assemblée nationale et le Sénat.

● **La promulgation**
■ Quand la loi est votée, le président de la République [p. 34] la signe et la date, dans un délai de quinze jours : c'est la promulgation. Pendant ce délai, le président peut demander au Parlement une nouvelle délibération de la loi.
■ La loi peut être soumise au Conseil constitutionnel [p. 56] à la demande du président de la République, du Premier ministre, du président de chaque assemblée, ou de soixante députés ou sénateurs.

48

⌐LA NAVETTE PARLEMENTAIRE

Pour être adopté définitivement, un texte législatif doit être examiné successivement par les deux assemblées. Ces lectures se poursuivront jusqu'à l'adoption d'un texte identique.

◾ Situation 1

texte

L'Assemblée nationale adopte le texte en première lecture.
Le texte est examiné par le Sénat qui l'adopte dans les mêmes termes.
La procédure est terminée, la loi est votée.

◾ Situation 2

texte
navette

L'Assemblée nationale examine le texte en première lecture.
Le Sénat modifie le texte transmis.
Le texte retourne à l'Assemblée nationale.
C'est le début du va-et-vient entre les assemblées que l'on appelle « navette parlementaire ».
Si, après deux lectures dans chaque assemblée, le texte est adopté en termes identiques, la loi est votée.

◾ Situation 3

nouveau *texte*
texte
navette

Après deux lectures dans chaque assemblée, il est possible que le désaccord persiste. Le Premier ministre peut demander la réunion d'une « commission mixte paritaire » formée de sept députés et de sept sénateurs. Cette commission élabore un nouveau texte soumis à chaque assemblée. Si ce nouveau texte est voté par les deux chambres, la loi est adoptée, sinon le Premier ministre demande aux députés de trancher.

▨ **Le *Journal officiel***
C'est dans le *Journal officiel* que sont publiés les textes de lois et les décrets. Une loi ne peut être appliquée que lorsque les décrets d'application sont parus au *Journal officiel*. Avant cette parution, même votée par le Parlement, la loi ne peut être appliquée. On peut consulter le *Journal officiel* dans une mairie, à la sous-préfecture ou sur Internet, on peut également s'y abonner (26, rue Desaix, 75015 Paris).

49

*Les sous-titres
permettent de saisir
l'essentiel en un coup d'œil.*

*L'encadré apporte une précision,
un détail inattendu.*

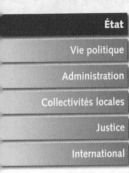

État

Vie politique

Administration

Collectivités locales

Justice

International

Qu'est-ce qu'un État ?

« Chef d'État », « conflit entre États », « État souverain », autant
d'expressions couramment employées. Trois conditions doivent être
réunies pour assurer l'existence d'un État : une nation, un territoire,
un pouvoir politique. Un État doit être reconnu par la communauté
internationale.

● Une nation

On appelle nation un peuple lié par une histoire commune et parlant généralement la
même langue. La nation est donc un ensemble humain plus ou moins homogène, car il
existe des différences de dialectes et de croyances.

● Un territoire

Un territoire est limité par des frontières : un peuple sans territoire n'a pas d'existence éta-
tique. Ce territoire peut être d'un seul bloc ou morcelé. La France possède des départements
d'outre-mer [*p. 104*] (Martinique, Guyane, Guadeloupe, Réunion, Saint-Pierre-et-Miquelon)
et des territoires d'outre-mer (Nouvelle-Calédonie, Wallis et Futuna, Polynésie française,
Mayotte) [*p. 106*].

● Un pouvoir politique

La nation doit être organisée pour être reconnue. Elle se donne des lois, se choisit des
représentants qui parlent au nom de la communauté humaine.

● Quels sont les pouvoirs de l'État ?

Il est d'usage de mettre en évidence trois pouvoirs qui sont indépendants les uns des
autres. C'est le principe de la séparation des pouvoirs :
– le pouvoir législatif fait les lois ;
– le pouvoir judiciaire fait respecter les lois ;
– le pouvoir exécutif fait appliquer les lois.

● État fédéral ou État unitaire

Il existe dans le monde un peu plus de 230 États. On peut schématiquement les classer en
deux catégories selon la structure qu'ils se sont choisie : l'État est soit fédéral, soit unitaire.

● Un État a un nom : la France

– un drapeau : tricolore (bleu, blanc, rouge) ;
– une devise : Liberté, Égalité, Fraternité ;
– une fête nationale : le 14 juillet ;
– un hymne : la *Marseillaise* ;
– une langue officielle : le français ;
– un emblème héraldique : le coq gaulois ;
– un emblème allégorique : Marianne (buste, timbre).

ÉTAT FÉDÉRAL OU ÉTAT UNITAIRE ?

■ L'État fédéral

En général, les États fédéraux sont des États à grande superficie où cohabitent parfois plusieurs races ou plusieurs langues. Dans l'État fédéral, il y a partage de responsabilités entre les États membres et le pouvoir fédéral.

• **Les États-Unis** forment aujourd'hui une fédération de cinquante États. Le gouvernement de Washington assure la défense, les relations internationales, la monnaie. Chacun des cinquante États possède sa Constitution, deux chambres et un gouverneur. Leur autonomie est grande en ce qui concerne la justice (la peine de mort), le système scolaire.

• **La République fédérale d'Allemagne** comprend, depuis la réunification en octobre 1990, l'ex-RFA et l'ex-RDA. Elle se compose de seize États ou *Länder*. La politique étrangère, la monnaie, le système judiciaire sont du domaine de la Fédération. Les *Länder* assurent sur leur territoire l'enseignement, la police, le maintien de l'ordre et l'application des lois fédérales.

• **La Suisse** ou Confédération helvétique est un État fédéral formé de cantons ayant chacun leur Constitution. Les autorités fédérales assurent la sécurité, les affaires étrangères, la monnaie et le droit. On parle en Suisse quatre langues officielles : l'allemand, le français, l'italien et le romanche.

■ L'État unitaire

Un État est dit unitaire lorsqu'on n'y trouve qu'un seul centre d'impulsion politique. Les citoyens de l'État unitaire obéissent à une seule et même autorité.

• **La France** est un État unitaire car les lois et le système judiciaire sont les mêmes sur tout le territoire.
• **La Chine**, selon sa Constitution, est un « État unifié multinational », c'est-à-dire un État unitaire quoique composé de provinces.

■ Un exemple de décentralisation au profit des régions

La Belgique comprend trois communautés (française, flamande et germanophone) qui règlent l'enseignement, la santé, les affaires culturelles et trois régions (wallonne, flamande, bruxelloise) qui s'occupent des matières régionalistes comme l'environnement, le logement, l'économie et l'emploi. La Belgique a un drapeau national (noir, jaune et rouge) mais aussi un drapeau par communauté : le lion noir sur fond jaune avec langue et griffes rouges pour la communauté flamande, le coq rouge sur fond jaune pour la communauté française et le lion rouge surmonté d'une couronne sur fond blanc pour la communauté germanophone.

Logo de l'administration française
Le logo de l'administration française représente une Marianne stylisée fondue dans le drapeau bleu-blanc-rouge, qui symbolise le pays depuis 1794.

Liberté • Égalité • Fraternité
RÉPUBLIQUE FRANÇAISE

État

Vie politique

Administration

Collectivités locales

Justice

International

L'organisation politique de l'État

La participation, plus ou moins grande, de chaque citoyen dans le choix de ses dirigeants permet de distinguer les différents régimes politiques les uns des autres.

Qui dirige l'État ? Monarchie ou république ?

La monarchie est le pouvoir exercé par un seul (le roi), il se transmet de façon héréditaire. En république (*res publica* : la chose publique), le pouvoir est la « chose » de tous, il y a des élections.

Actuellement, certains monarques ont moins de pouvoirs, en Grande-Bretagne ou en Suède, par exemple, que certains présidents de la République, en France ou aux États-Unis.

Quel est le rôle du citoyen ? Dictature ou démocratie ?

Le régime dépend des possibilités réelles de participation ou d'intervention des citoyens.

La dictature : les citoyens ne participent pas à l'élaboration des décisions et ne peuvent contester. Il n'y a pas d'opposition qui puisse s'exprimer, la liberté d'expression est restreinte. Le pouvoir s'appuie sur une police qui applique aveuglément ses décisions et procède à des arrestations arbitraires. Le plus souvent la dictature maintient son pouvoir par la force.

La démocratie : les citoyens participent à l'élaboration des décisions, soit directement, soit par leurs élus. La démocratie libérale privilégie la liberté des individus et leur participation au pouvoir (plusieurs partis, élections [*p. 23*]). Dans la démocratie marxiste [*p. 16*], le poids de la société, dans son intérêt collectif, est le plus fort. Les libertés individuelles sont limitées. Il n'y a qu'un seul parti. La démocratie marxiste, comme la dictature, sont des régimes totalitaires.

Comment les citoyens participent-ils ?

Dans une démocratie libérale, chaque citoyen peut faire connaître son opinion, exercer son influence pour les choix importants de la nation, faire respecter les libertés publiques et désigner les gouvernants.

La participation des citoyens à l'exercice du pouvoir s'exerce par un droit de vote à des élections libres et régulières. Le choix du mode des élections a une influence très grande sur la vie politique d'un État et sur les rapports entre les élus et les citoyens.

Le vote est un suffrage universel lorsque le droit d'exprimer sa volonté n'est pas réduit par des conditions de fortune, de sexe, de capacité, d'hérédité, mais il peut comporter des exclusions dues à l'âge ou l'indignité. Le suffrage est restreint lorsque le droit de vote est réservé à certains citoyens et soumis à certaines conditions.

POUR QU'UNE DÉMOCRATIE EXISTE

Tout le monde doit avoir le droit de voter. Seules conditions imposées : l'âge et la nationalité. En France, le suffrage universel est, pour les hommes, une réalité depuis 1848, pour les femmes depuis 1944.

Plusieurs partis doivent pouvoir exposer librement leurs conceptions et leurs programmes. Pour permettre au citoyen de choisir, ces partis doivent avoir accès à tous les moyens de communication : presse, radio, télévision...

Le citoyen doit pouvoir choisir librement, c'est-à-dire qu'il ne doit pas subir de pression de la part du gouvernement.

L'opposition doit pouvoir s'organiser, par exemple dans des assemblées. Elle doit pouvoir disposer des mêmes moyens d'information que la majorité.

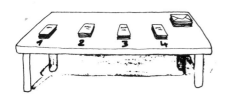 

Le vote doit être secret. En France, les bulletins de vote doivent obligatoirement être imprimés sur du papier blanc et mis sous enveloppe, par chaque électeur, dans le secret de l'isoloir. Il y a un isoloir pour 300 inscrits.

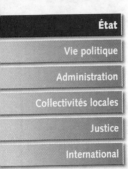

État

Vie politique

Administration

Collectivités locales

Justice

International

L'État
et les droits de l'homme

La Déclaration des droits de l'homme et du citoyen proclame en France, en 1789, les droits de l'homme libre et constitue une charte des libertés.

● Le contexte historique de la Déclaration des droits de l'homme et du citoyen

Le 5 mai 1789 : Louis XVI convoque les États généraux.

Le 20 juin 1789 : lors du Serment du Jeu de Paume, les députés du tiers état se proclament Assemblée constituante.

Le 14 juillet : le peuple de Paris prend la Bastille.

Le 4 août 1789 : l'abolition des privilèges ébranle tout l'Ancien Régime.

Le 26 août 1789 : l'Assemblée constituante vote la Déclaration des droits de l'homme et du citoyen.

● Le contenu de la Déclaration des droits de l'homme et du citoyen

■■ Ce texte reprend les grandes idées des philosophes du XVIIIe siècle, il énumère les droits essentiels de tout être humain [*p. 10*] :

– la qualité d'homme libre ;

– le droit à la sûreté de la personne ;

– l'égalité en droits ;

– la liberté de pensée et de culte ;

– la liberté d'expression ;

– la liberté d'accéder à tous les emplois.

■■ Le contenu de la Déclaration des droits de l'homme et du citoyen n'a pas été immédiatement suivi d'effet, mais il a posé les principes auxquels nos constitutions modernes se réfèrent encore :

– le principe de la liberté individuelle [*p. 10*] : un individu ne peut être arrêté qu'en vertu d'une loi existante ;

– le principe de l'égalité devant la loi et devant l'impôt ;

– le principe de la souveraineté nationale : la nation est souveraine, c'est elle et non Dieu qui donne son pouvoir au roi. Elle a le droit de demander des comptes ;

– la séparation des pouvoirs : les trois pouvoirs, exécutif, législatif et judiciaire [*p. 4*] ne doivent pas être concentrés dans les mêmes mains ;

– le droit de propriété : il est reconnu comme un « droit inviolable et sacré ».

● La Déclaration des droits de l'homme de 1948

Universelle, elle se veut un idéal, un but vers lequel tous les États devraient tendre (voir page de droite).

1948-1998 : CINQUANTENAIRE DE LA DÉCLA-RATION UNIVERSELLE DES DROITS DE L'HOMME

▪ Le contexte historique de la Déclaration universelle

Pour souligner l'importance historique de la Déclaration des droits de l'homme et du citoyen de 1789, les nations membres de l'ONU décidèrent de tenir exceptionnellement leur assemblée générale à Paris, pour y discuter et y voter la Déclaration universelle des droits de l'homme.

Le 10 décembre 1948 était adopté un texte d'une portée universelle, c'est-à-dire qui concerne tous les hommes sans distinction. Cette déclaration intervient après la Seconde Guerre mondiale qui a vu les droits de l'homme bafoués.

La Déclaration universelle des droits de l'homme est une « résolution ». Juridiquement, elle n'a qu'une force morale. Pour donner une forme juridique obligatoire, elle est complétée par deux pactes internationaux en 1976 :
– le pacte international relatif aux droits économiques et culturels ;
– le pacte international relatif aux droits civils et politiques.

▪ Le contenu de la Déclaration universelle

La Déclaration universelle des droits de l'homme se compose d'un préambule et de trente articles.
• *Les droits économiques et sociaux* parmi lesquels figurent :
– le droit au travail (art. 23) ;
– le droit au repos (art. 24) ;
– le droit à un niveau de vie suffisant (art. 25) ;
– le droit à la sécurité en cas de maladie, invalidité… (art. 25).
• *La protection internationale des droits* : selon l'article 28, « toute personne a droit à ce que règne, sur le plan social et sur le plan international, un ordre tel que les droits et libertés énoncés dans la présente Déclara-

tion puissent y trouver plein effet ».
• *Les droits et les devoirs* : la notion de droit est accompagnée d'une notion importante, celle de devoir envers la communauté.
• *Le rôle de l'éducation* : l'enseignement et l'éducation sont présentés dans le préambule comme les instruments nécessaires du progrès.

▪ La Convention des droits de l'enfant

Adoptée par l'ONU en 1989 et ratifiée par 150 États dont la France en 1990, cette Convention aborde, entre autres, les dix points suivants.
1 Le droit à l'égalité.
2 Le droit à une protection spéciale pour un développement dans des conditions normales.
3 Le droit à un nom et à une nationalité.
4 Le droit à une nutrition adéquate, à un logement et à des soins de santé.
5 Le droit à des soins particuliers en cas de handicap.
6 Le droit à l'amour, à la compréhension.
7 Le droit à l'éducation, au jeu et aux loisirs.
8 Le droit à être parmi les premiers secourus en cas de désastres.
9 Le droit à la protection contre la cruauté et l'exploitation.
10 Le droit d'être élevé dans un esprit de fraternité, de paix et de tolérance.

▪ Encyclopédie universelle des droits de l'homme

Cette base de données, regroupant les constitutions de 142 États et les textes de 400 traités internationaux, est disponible sur Internet : www.eudh.org.

État

Vie politique

Administration

Collectivités locales

Justice

International

L'État et la liberté

Les libertés accordées à l'individu, ou libertés publiques, donnent à l'homme la possibilité d'agir sans contrainte dans les limites de la loi. On peut distinguer trois grandes catégories : les libertés individuelles, les libertés politiques, les libertés économiques et sociales.

Les libertés individuelles

■ *La sûreté* : elle protège contre des arrestations arbitraires. La loi délimite le permis et l'interdit. La personne soupçonnée doit avoir toutes les garanties pour sa défense.

■ *La liberté d'aller et de venir* : c'est le droit de se déplacer et de choisir son domicile.

■ *Le respect de la vie privée* : le domicile est inviolable, on ne peut y pénétrer sans autorisation ; il est interdit de poser des écoutes, de photographier pour un usage commercial.

■ *Le secret de la correspondance* : nul n'a le droit d'ouvrir les lettres qui ne lui sont pas adressées.

■ *Le secret professionnel* : ceux qui ont recueilli des informations de par leur profession (médecins, magistrats, experts-comptables…) n'ont pas à les divulguer.

Les trois catégories de libertés publiques

Les libertés individuelles	Les libertés politiques	Les libertés économiques et sociales
La sûreté de la personne La libre circulation Le choix du domicile La liberté d'opinion La liberté religieuse La liberté d'enseignement Le secret de la correspondance Le secret professionnel	Le droit de vote La liberté de réunion La liberté d'association La liberté d'expression Le droit d'appartenir ou de ne pas appartenir à un parti politique	Le droit syndical Le droit de grève Le droit au travail et au choix d'un emploi Le droit à la protection sociale

Les voies de recours : Cour européenne des droits de l'homme

■ Celui qui s'estime victime de l'État français à propos d'une violation des droits et libertés garantis par la Communauté européenne des droits de l'homme peut, depuis 1981, saisir la Cour européenne, après être allé en cassation.

■ L'État pourrait être condamné à payer des indemnités.
Adresse : Conseil de l'Europe. 67006 Strasbourg.

Où s'arrêtent les libertés ?

La loi garantit le principe selon lequel la liberté individuelle s'arrête où commence celle des autres.

■ Pénétrer dans la propriété d'autrui constitue un délit. Seule l'autorité judiciaire peut perquisitionner pour les besoins d'une enquête sous le contrôle du juge d'instruction.

■ Signaler son changement de domicile est obligatoire pour les propriétaires d'une voiture, les condamnés avec sursis ou mise à l'épreuve, les hommes soumis au service militaire ou réservistes.

■ Faire valoir son droit de réponse est possible en cas de mise en cause par la presse, une chaîne de radio ou de télévision.

■ Respecter le secret professionnel concerne les professions de santé, les travailleurs sociaux, les personnels de justice, de l'administration fiscale, les ministres du culte. Cependant le secret peut être levé dans l'intérêt de l'État ou de la justice.

■ Se défendre contre la publication d'une photographie privée est possible, mais pas en cas de participation à un événement public.

■ Poser des écoutes téléphoniques est interdit aux simples citoyens.

■ Refuser l'entrée d'un lieu public en raison d'une discrimination raciale est puni par la loi.

■ Refuser de vendre à des personnes d'une nation, d'une ethnie, d'une religion déterminées est puni par la loi.

■ Injurier ou diffamer en matière raciale constitue un délit.

■ La liberté de la presse est garantie par la Constitution et reconnaît le droit de publier ce que l'on veut. Cependant la loi réprime le délit de « fausses nouvelles » qui pourraient troubler l'ordre public. Sont aussi considérées comme délits : la diffamation, l'injure, la provocation à la haine ou à la discrimination raciale. Un texte punit « l'offense au président de la République » et aux chefs d'État étrangers et aux diplomates.
La charte du journaliste fixe des règles de déontologie :
– un journaliste prend la responsabilité de ses écrits ;
– il doit s'abstenir de calomnier, de plagier, d'utiliser des moyens déloyaux pour s'informer ou de falsifier des documents.

■ La CNIL

La CNIL ou Commission nationale de l'informatique et des libertés est une autorité administrative, indépendante, créée en 1978. Elle siège au 21, rue Saint-Guillaume 75007 Paris (site Internet : www.cnil.fr). Son but est de veiller au respect de la loi en cas d'atteinte à la vie privée et aux libertés.
Il existe en France environ 300 000 fichiers informatisés. La CNIL tient à la disposition du public une liste qui indique à quel service il faut s'adresser pour avoir accès aux données personnelles dans un fichier (www.cnil.fr/init/index-liste.htm).

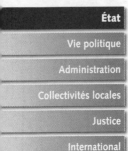

État

Vie politique

Administration

Collectivités locales

Justice

International

Une monarchie constitutionnelle : le Royaume-Uni

Le Royaume-Uni pratique un régime parlementaire. Le gouvernement peut dissoudre la Chambre des communes qui peut elle-même, par un vote, obliger le gouvernement à démissionner.

● Le pouvoir exécutif

Il est détenu par le Souverain et le Cabinet. L'ensemble des pouvoirs du Souverain constitue la Couronne.

▄ *Le Souverain*

L'accession au trône est héréditaire. Elle est réglée par une loi de 1701 : les fils du souverain, puis les filles par rang d'âge. Les prétendants doivent appartenir à l'église anglicane.

▄ *La Couronne*

La Couronne est une institution juridique. Cette institution possède un ensemble de pouvoirs appelé « la prérogative royale » ; nommer à certains emplois civils ou militaires, convoquer et dissoudre le Parlement, promulguer les lois, faire la paix ou la guerre, exercer le droit de grâce. Ces pouvoirs sont, en réalité, exercés par le Cabinet, c'est-à-dire par l'ensemble formé par le Premier ministre et son gouvernement.

▄ *Le Cabinet*

Le Premier ministre est choisi par le roi ou la reine, mais ce doit être obligatoirement le chef du parti majoritaire de la Chambre des communes.

Le Premier ministre choisit et forme son gouvernement.

● Le pouvoir législatif

Le pouvoir législatif est exercé par le Parlement. Il est composé de deux assemblées, la Chambre des communes et la Chambre des lords.

▄ *La Chambre des communes*

Les députés sont élus au suffrage universel direct [*p. 20*], au scrutin uninominal majoritaire à un tour, pour cinq ans.

La Chambre des communes discute et vote les lois et le budget.

▄ *La Chambre des lords*

Composée de membres héréditaires ou nommés à vie par la Couronne, elle a vu son pouvoir diminuer au profit des Communes.

Actuellement elle n'a plus de pouvoir sur les textes de lois, à caractère financier. Pour les autres lois, elle n'a qu'un veto suspensif.

POUVOIR EXÉCUTIF ET POUVOIR LÉGISLATIF

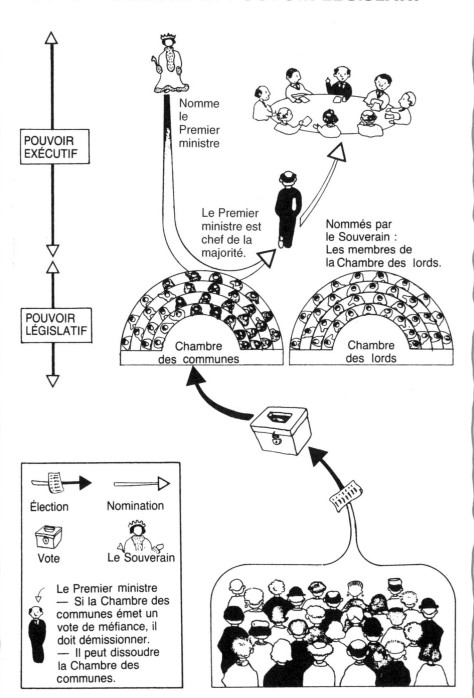

POUVOIR EXÉCUTIF

Nomme
le
Premier
ministre

Le Premier
ministre est
chef de la
majorité.

Nommés par
le Souverain :
Les membres de
la Chambre des lords.

POUVOIR
LÉGISLATIF

Chambre
des communes

Chambre
des lords

Élection

Nomination

Vote

Le Souverain

Le Premier ministre
— Si la Chambre des
communes émet un
vote de méfiance, il
doit démissionner.
— Il peut dissoudre
la Chambre des
communes.

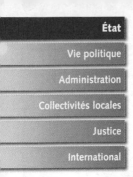

État

Vie politique

Administration

Collectivités locales

Justice

International

Un régime présidentiel : les États-Unis

Le régime présidentiel se caractérise par des pouvoirs séparés et n'ayant pas d'action l'un sur l'autre, le président ne peut dissoudre le Congrès, et le Congrès ne peut renvoyer le président.

● Le pouvoir exécutif : le président

■ Le président est élu, ainsi que le vice-président, pour quatre ans au suffrage universel indirect [*p. 20*] et n'est rééligible qu'une seule fois par les grands électeurs, élus dans chaque État, au scrutin de liste majoritaire.

■ Les attributions du président : il nomme et révoque les secrétaires d'État qui sont les agents de sa politique. Il est le chef de l'administration. Il possède le pouvoir réglementaire, participe à l'initiative d'une loi et détient un droit de veto sur les lois votées. Il dirige la politique étrangère.

● Le pouvoir législatif : le Congrès

■ Le Congrès est élu au suffrage universel direct [*p. 20*], au scrutin uninominal à un tour. Le Congrès comprend la Chambre des représentants et le Sénat.
• Les représentants sont élus pour deux ans, leur nombre varie en fonction de la population de l'État.
• Les sénateurs sont élus pour six ans, à raison de deux par État (cent sénateurs). Le Sénat est renouvelé par tiers tous les deux ans.

■ Les attributions du Congrès : le Congrès possède le pouvoir législatif [*p. 4*], le pouvoir constituant et supervise les services publics.
Le vote des crédits et du budget appartient au Congrès ; il peut ainsi bloquer des décisions du président.
La Chambre des représentants décide du montant des impôts.
Le Sénat contrôle la politique étrangère et donne son autorisation pour la nomination des membres de la Cour suprême. Il est présidé par le vice-président des États-Unis.

● La Cour Suprême : un tribunal de contrôle

Composée d'un président et de huit juges nommés à vie par le président des États-Unis, la Cour suprême est chargée de contrôler la constitutionnalité des lois.
La Cour suprême arbitre les différends entre les États, entre un État et l'Union, entre un citoyen et l'État fédéral.

POUVOIR EXÉCUTIF ET POUVOIR LÉGISLATIF

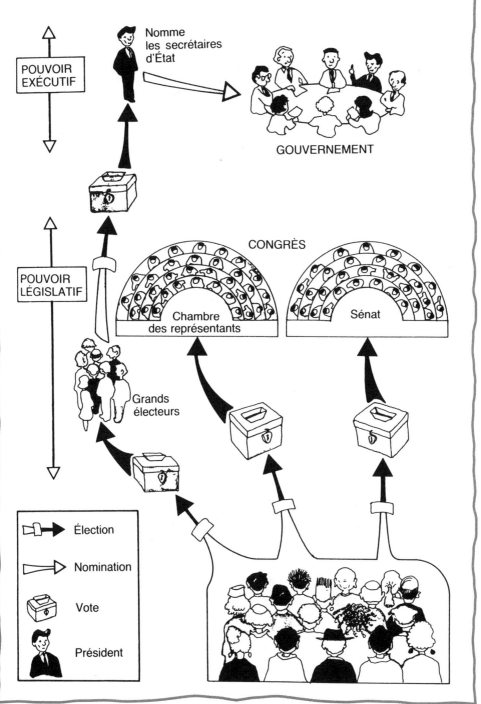

POUVOIR EXÉCUTIF

Nomme les secrétaires d'État

GOUVERNEMENT

POUVOIR LÉGISLATIF

CONGRÈS

Chambre des représentants

Sénat

Grands électeurs

Élection

Nomination

Vote

Président

État

Vie politique

Administration

Collectivités locales

Justice

International

Une démocratie populaire : la Chine

Le régime chinois est une « dictature démocratique populaire ». L'appareil d'État y est subordonné au parti communiste qui assure la direction idéologique et politique du pays.

● Le pouvoir exécutif

▬ Le Conseil des affaires d'État (gouvernement) dirige quarante et un ministères et commissions d'État.

▬ La Commission militaire centrale (200 membres) constitue l'organe politico-militaire suprême. Son président est le personnage le plus important du régime avec le secrétaire général du Parti communiste chinois.

Le président de la République n'assume qu'une fonction honorifique.

● Le pouvoir législatif

L'Assemblée populaire nationale, chambre unique, est élue au suffrage universel indirect par le congrès des assemblées provinciales et comporte plus de 3 000 députés.

Elle tient une seule session par an et élit en théorie le Comité permanent. Elle désigne le président de la République, la Commission militaire centrale et son président. Elle vote les lois et le budget, décide de la guerre et de la paix, contrôle l'application de la Constitution.

Le Comité permanent de l'Assemblée populaire nationale (135 membres) assure l'intérim entre les sessions.

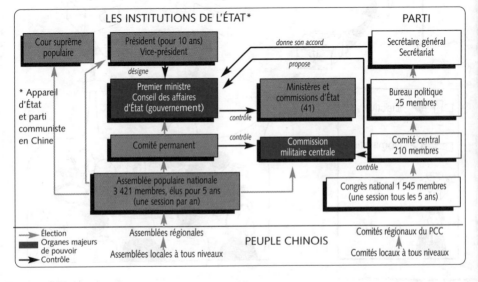

LES INSTITUTIONS DE L'ÉTAT*   PARTI

Cour suprême populaire — Président (pour 10 ans) Vice-président — *donne son accord* — Secrétaire général Secrétariat

désigne / *propose*

* Appareil d'État et parti communiste en Chine

Premier ministre Conseil des affaires d'État (gouvernement) — Ministères et commissions d'État (41) — Bureau politique 25 membres

contrôle

Comité permanent — *contrôle* — Commission militaire centrale — Comité central 210 membres

contrôle

Assemblée populaire nationale 3 421 membres, élus pour 5 ans (une session par an) — Congrès national 1 545 membres (une session tous les 5 ans)

→ Élection
▬ Organes majeurs de pouvoir
➤ Contrôle

Assemblées régionales

Assemblées locales à tous niveaux

PEUPLE CHINOIS

Comités régionaux du PCC

Comités locaux à tous niveaux

POUVOIR EXÉCUTIF ET POUVOIR LÉGISLATIF

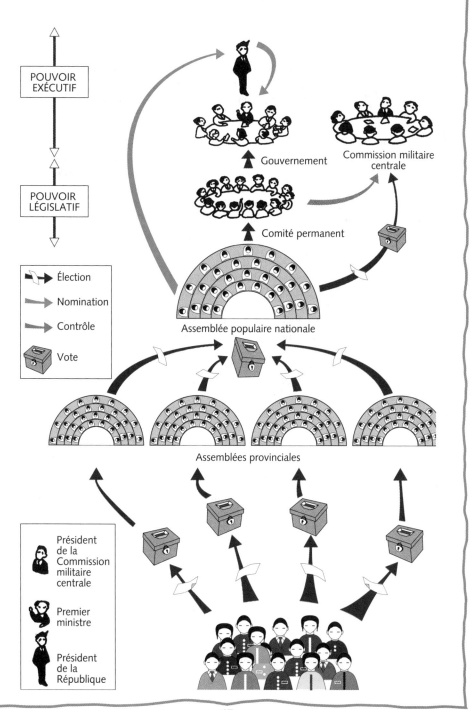

POUVOIR
EXÉCUTIF

POUVOIR
LÉGISLATIF

Élection

Nomination

Contrôle

Vote

Gouvernement

Commission militaire
centrale

Comité permanent

Assemblée populaire nationale

Assemblées provinciales

Président
de la
Commission
militaire
centrale

Premier
ministre

Président
de la
République

État

Vie politique

Administration

Collectivités locales

Justice

International

Un régime parlementaire et présidentiel : la France

Le régime est parlementaire, car les députés peuvent renverser le gouvernement et le président de la République peut dissoudre l'Assemblée, et présidentiel car le président ne peut être renversé.

● La Constitution

En France, la Constitution du 4 octobre 1958 organise l'ensemble des institutions politiques de la Ve République. Elle prévoit une juxtaposition d'un régime présidentiel, dans lequel le président de la République élu au suffrage universel direct est investi du pouvoir de dissolution de l'Assemblée, et d'un régime parlementaire, caractérisé par un renforcement du pouvoir gouvernemental qui appartient à un Premier ministre responsable devant les députés.

● Le pouvoir exécutif

Le pouvoir exécutif est partagé entre le président et le Premier ministre.

■ *Le président de la République* est élu au suffrage universel direct pour cinq ans. Il a des pouvoirs importants : il nomme le Premier ministre ; il préside le Conseil des ministres ; il peut dissoudre l'Assemblée nationale, il peut recourir au référendum ; il dispose de pouvoirs exceptionnels dans des circonstances exceptionnelles (article 16 de la Constitution).

■ *Le Premier ministre* est le chef du gouvernement. Il choisit les membres de son gouvernement et conduit la politique de la Nation. Il est responsable devant le Parlement. Il a l'initiative des lois et en assure l'exécution.

● Le pouvoir législatif

Le pouvoir législatif est exercé par le Parlement composé de l'Assemblée nationale et du Sénat [*p. 42 et 44*].

■ *L'Assemblée nationale* est élue au suffrage universel direct. Les députés sont élus pour cinq ans. Ils peuvent renverser le gouvernement par une motion de censure [*p. 52*].

■ *Le Sénat* est élu au suffrage universel indirect par un collège électoral composé des députés, conseillers régionaux, conseillers généraux et délégués des conseils municipaux. Les sénateurs sont élus pour neuf ans. Le Sénat est renouvelé par tiers tous les trois ans. L'Assemblée nationale et le Sénat votent les lois et le budget [*p. 60*].

● Un organe de contrôle : le Conseil constitutionnel

■ Le Conseil constitutionnel [*p. 56*], composé de neuf membres nommés pour neuf ans par le président de la République, les présidents du Sénat et de l'Assemblée nationale, est chargé de veiller à l'équilibre des pouvoirs entre le législatif et l'exécutif et au respect de la Constitution.

■ Le Conseil constitutionnel peut être saisi par le président de la République, le Premier ministre, les présidents des assemblées parlementaires ou par 60 députés ou 60 sénateurs.

POUVOIR EXÉCUTIF ET POUVOIR LÉGISLATIF

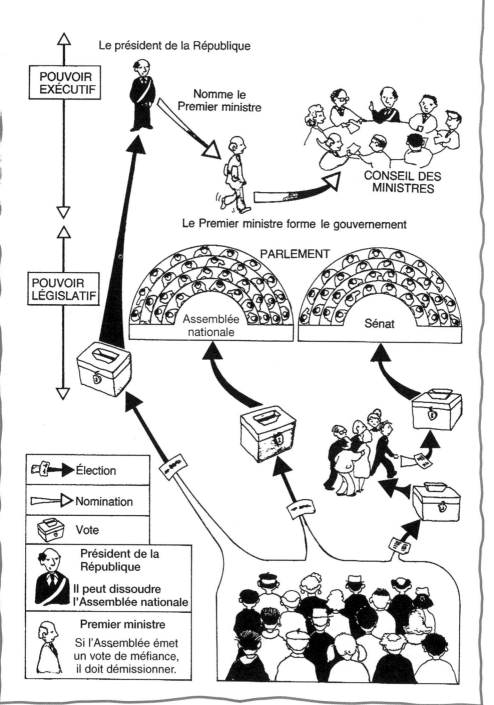

État

Vie politique

Administration

Collectivités locales

Justice

International

Les consultations électorales

En France, les citoyens exercent leur droit de vote par la voie du référendum et par l'élection de leurs représentants aux affaires locales, départementales, régionales ou nationales. Le suffrage universel peut être direct ou indirect.

● Le suffrage direct

Le suffrage est universel direct lorsque les électeurs élisent directement leurs représentants : conseillers municipaux, conseillers généraux, députés, conseillers régionaux, président de la République.

● Le suffrage indirect

Le suffrage est universel indirect lorsque ce sont les représentants du corps électoral (donc des gens élus) qui deviennent électeurs à leur tour. Un maire est élu par le conseil municipal [p. 96]. Un sénateur est quant à lui élu par un collège électoral composé de députés, de conseillers régionaux, de conseillers généraux, de délégués de conseillers municipaux [p. 44].

● Le référendum

Par le référendum, le président de la République consulte directement les électeurs qui répondent par oui ou par non à la question posée. Selon l'article 11 de la Constitution, le président de la République peut soumettre au référendum tout projet de loi portant sur l'organisation des pouvoirs publics, les réformes concernant le domaine économique ou social et les questions touchant aux problèmes de société.

● Les référendums sous la Vᵉ République

1958 : Constitution de la Vᵉ République (oui – 85,1 % des exprimés).

1961 : autodétermination de l'Algérie (oui – 74,9 %).

1962 : accords d'Évian mettant fin à la guerre d'Algérie (oui – 90,8 %).

1962 : élection du président de la République au suffrage universel direct (oui – 62,2 %).

1969 : création des régions et réforme du Sénat (non – 53,17 %) ; le « non » l'ayant emporté, le général de Gaulle a démissionné.

1972 : élargissement de la Communauté économique européenne par l'adhésion de la Grande-Bretagne, le Danemark, l'Irlande et la Norvège (oui – 67,7 %). La Norvège refusera d'adhérer à la CEE.

1988 : nouveau statut pour la Nouvelle Calédonie (oui – 80 %).

1992 : traité de Maastricht sur l'Union européenne (oui – 51,05 %).

2000 : mandat présidentiel ramené à 5 ans.

● Le principe de la parité hommes-femmes

1999 : révision des articles 3 et 4 de la constitution : « La loi favorise l'égal accès des hommes et des femmes aux mandats électoraux et aux fonctions électives » et « les partis et groupements politiques contribuent à la mise en œuvre de ce principe… »

2000 : promulgation de la loi du 6 juin 2000 sur la parité hommes-femmes.

Les élections françaises

Élections municipales

Tous les six ans.
Suffrage universel direct.
Scrutin de liste selon un mode mixte (dans les communes de plus de 3 500 habitants).
Âge d'éligibilité : 18 ans.

Élections des maires

Tous les six ans, après les élections municipales.
Suffrage indirect par chaque conseil municipal.
Scrutin uninominal majoritaire à 3 tours.
Âge d'éligibilité : 18 ans.

Élections cantonales

Un conseiller général par canton.
Le renouvellement du conseil général a lieu par moitié tous les trois ans.
Suffrage universel direct.
Scrutin uninominal majoritaire à 2 tours.
Âge d'éligibilité : 18 ans.

Élections régionales

Tous les 5 ans à compter de 2004.
Élection des conseillers régionaux.
Suffrage universel direct.
Scrutin de liste à représentation proportionnelle avec prime à la liste en tête au 1er tour.
Âge d'éligibilité : 18 ans.

Élections législatives

Tous les cinq ans.
Élection des députés.
Suffrage universel direct.
Scrutin uninominal majoritaire à 2 tours.
Âge d'éligibilité : 23 ans.

Élections sénatoriales

Le Sénat est renouvelé par tiers tous les trois ans.
Suffrage indirect.
Scrutin uninominal ou plurinominal majoritaire à deux tours dans les départements de 1 et 2 sénateurs.
Scrutin à représentation proportionnelle dans les départements de 3 sénateurs et plus (modification adoptée en juin 2000).
Âge d'éligibilité : 35 ans.

Élections présidentielles

Tous les cinq ans.
Élection du président de la République.
Suffrage universel direct.
Scrutin uninominal majoritaire à deux tours.
Âge d'éligibilité : 23 ans.

Élections européennes

Tous les cinq ans.
Élection des députés au Parlement européen.
Suffrage universel direct.
Scrutin de liste à représentation proportionnelle.

Élections professionnelles

Elles ne concernent pas tous les électeurs mais seulement ceux qui exercent une activité professionnelle et qui remplissent les conditions d'âge et d'ancienneté.
Élection des délégués du personnel, du comité d'entreprise, des conseillers prud'homaux, des membres élus des chambres de commerce et d'industrie, des chambres des métiers, des chambres d'agriculture.

Le saviez-vous ?

Les femmes ont obtenu le droit de vote en France en 1944.
L'âge minimum requis pour voter est de 18 ans depuis 1974.

État

Vie politique

Administration

Collectivités locales

Justice

International

L'électeur et le vote

En France, voter est un droit mais non une obligation, contrairement à ce qui se passe en Belgique ou au Luxembourg où l'abstention non justifiée est punie par une amende. Pour voter, il faut remplir certaines conditions et le vote se déroule suivant des règles précises.

● Les conditions à remplir pour être électeur

Être majeur : avoir 18 ans.
Être français, ou naturalisé français.
Jouir de ses droits civiques.
Être inscrit sur la liste électorale. La demande d'inscription sur une liste électorale doit être faite en mairie, avant le 31 décembre. Ceux qui ont 18 ans dans l'année sont convoqués par la mairie.
Le droit de vote et d'éligibilité aux élections municipales est accordé aux ressortissants de l'Union européenne résidant en France. Ils ne peuvent être ni maire, ni adjoint.

● La carte d'électeur

L'électeur inscrit reçoit sa carte d'électeur qui est renouvelée périodiquement. Il est possible de voter sans présenter sa carte d'électeur. Il suffit de prouver son identité à l'aide d'une pièce officielle et de figurer sur les registres électoraux.

● Le vote par procuration

■ Il permet à un électeur (le mandant) de se faire représenter au bureau de vote, le jour du scrutin, par un autre électeur de son choix (le mandataire). Le mandataire peut représenter un électeur établi en France, ou un électeur établi en France et un hors de France, ou deux électeurs établis hors de France.
■ Qui est admis à voter par procuration ? En fait :
– toute personne éloignée de la commune en raison de ses activités : marins, militaires, mariniers, citoyens hors de France...
– toute personne ne pouvant se déplacer le jour du scrutin : invalides à 85 %, malades, femmes en couche...
– toute personne ayant sa résidence et son travail dans un autre département que celui de la commune d'inscription.
– les électeurs qui ont quitté leur résidence habituelle pour prendre des vacances.
Il convient de s'adresser soit au tribunal d'instance [*p. 116*], soit au commissariat de police, soit à la gendarmerie. Les Français hors de France s'adressent au consulat.

● Le vote par correspondance

Il a été supprimé en 1975 en raison des abus et fraudes auxquels il avait donné lieu.

● Le dépouillement

Il est opéré par les scrutateurs (au moins quatre par table) et en public.

LE PLAN D'UN BUREAU DE VOTE

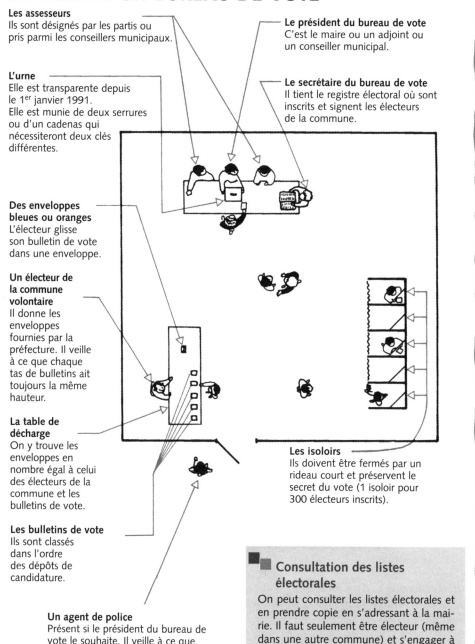

Les assesseurs
Ils sont désignés par les partis ou pris parmi les conseillers municipaux.

Le président du bureau de vote
C'est le maire ou un adjoint ou un conseiller municipal.

L'urne
Elle est transparente depuis le 1er janvier 1991. Elle est munie de deux serrures ou d'un cadenas qui nécessiteront deux clés différentes.

Le secrétaire du bureau de vote
Il tient le registre électoral où sont inscrits et signent les électeurs de la commune.

Des enveloppes bleues ou oranges
L'électeur glisse son bulletin de vote dans une enveloppe.

Un électeur de la commune volontaire
Il donne les enveloppes fournies par la préfecture. Il veille à ce que chaque tas de bulletins ait toujours la même hauteur.

La table de décharge
On y trouve les enveloppes en nombre égal à celui des électeurs de la commune et les bulletins de vote.

Les isoloirs
Ils doivent être fermés par un rideau court et préservent le secret du vote (1 isoloir pour 300 électeurs inscrits).

Les bulletins de vote
Ils sont classés dans l'ordre des dépôts de candidature.

Un agent de police
Présent si le président du bureau de vote le souhaite. Il veille à ce que personne ne perturbe les élections.

◼ Consultation des listes électorales
On peut consulter les listes électorales et en prendre copie en s'adressant à la mairie. Il faut seulement être électeur (même dans une autre commune) et s'engager à ne pas utiliser cette liste à des fins commerciales. Les partis et les groupements politiques disposent du même droit.

État

Vie politique

Administration

Collectivités locales

Justice

International

Le scrutin majoritaire

Dans le scrutin majoritaire est considéré élu le candidat ou la liste qui obtient la majorité des voix. La majorité absolue correspond à la moitié des suffrages exprimés plus une voix. On distingue scrutin uninominal majoritaire et scrutin de liste majoritaire.

● Le scrutin uninominal majoritaire

Les électeurs choisissent entre plusieurs candidats.

▬ Les bulletins de vote ne comportent qu'un seul nom puisque les électeurs n'auront à choisir qu'un seul candidat (uninominal : un nom).

▬ L'emporte au premier tour le candidat qui obtient la majorité absolue. Si personne n'est élu, on dit qu'il y a ballottage donc deuxième tour de scrutin.

$$\text{Majorité absolue} \ = \ \frac{\text{suffrages exprimés}}{2} \ + \ 1$$

▬ Au deuxième tour, l'emporte le candidat qui obtient le plus grand nombre de voix ou majorité relative.

▬ Ce type de scrutin concerne l'élection présidentielle [p. *34*], les élections législatives et les élections cantonales où les électeurs élisent un conseiller général par canton.

▬ Le scrutin uninominal à trois tours concerne l'élection des maires, des présidents de l'Assemblée nationale et du Sénat et des présidents de conseils régionaux.

● Le scrutin de liste majoritaire

Les électeurs choisissent entre plusieurs listes de candidats.

▬ Les bulletins de vote comportent autant de noms que de candidats à élire (si cinq sièges sont à pourvoir, chaque liste comportera cinq noms…).
Les électeurs déposent une liste dans l'urne.

▬ L'emporte au premier tour la liste qui obtient la majorité absolue. Si aucune liste n'est élue, il y a ballottage et deuxième tour de scrutin.

▬ Au deuxième tour, l'emporte la liste qui obtient le plus grand nombre de voix ou majorité relative.

« Liste bloquée » : dans un scrutin de liste, on parle de « liste bloquée » quand l'électeur ne peut ni raturer, ni modifier, ni déposer une liste incomplète sous peine de voir son bulletin annulé.

10 000 ÉLECTEURS VOTENT

■■ Scrutin uninominal majoritaire

Exemple 1

Résultats du 1er tour :

Candidat A	Candidat B	Candidat C
5 500 voix	3 100 voix	1 400 voix

Suffrages exprimés : 10 000 voix.

 Majorité absolue : 5 001 voix. Le candidat A est élu au premier tour : le nombre de voix obtenues est supérieur à la majorité absolue. Il n'y aura pas de deuxième tour.

Exemple 2

Résultats du 1er tour :

Candidat A	Candidat B	Candidat C
4 500 voix	3 600 voix	1 900 voix

Suffrages exprimés : 10 000 voix.
Majorité absolue : 5 001 voix.
Aucun candidat n'est élu au premier tour, car aucun n'atteint la majorité absolue. Il y a ballottage. Au deuxième tour, sera élu le candidat arrivé en tête.

■■ L'e-vote

Pour tout savoir sur les défis du vote électronique, on peut consulter : www.abc-politique.com.

■■ Scrutin de liste majoritaire

Exemple 1

Résultats du 1er tour :

Liste A	Liste B	Liste C	Liste D
1 700 voix	5 200 voix	1 100 voix	2 000 voix

Suffrages exprimés : 10 000 voix.

 Majorité absolue : 5 001 voix. La liste B est élue au premier tour : le nombre de voix obtenues est supérieur à la majorité absolue. Il n'y aura pas de deuxième tour.

Exemple 2

Résultats au 1er tour :

Liste A	Liste B	Liste C	Liste D
1 900 voix	4 900 voix	1 100 voix	2 100 voix

Suffrages exprimés : 10 000 voix.
Majorité absolue : 5 001 voix.
Aucune liste n'est élue.

Résultats au 2e tour :

Liste A	Liste B	Liste C	Liste D
1 800 voix	4 700 voix	1 300 voix	2 200 voix

La liste B est élue à la majorité relative.

État

Vie politique

Administration

Collectivités locales

Justice

International

Le scrutin proportionnel

Le scrutin de liste à représentation proportionnelle consiste à attribuer à chaque liste qui se présente, un nombre de sièges proportionnel à son score. On prendra sur les listes les candidats dans l'ordre préférentiel, en nombre égal au nombre de sièges obtenus. Il n'y a qu'un seul tour de scrutin.

● Le quotient électoral

Pour répartir les sièges entre les différentes listes, il faut d'abord déterminer le quotient électoral. Il s'obtient en divisant le total des suffrages exprimés (donc ni les bulletins blancs ou nuls) par le nombre de sièges à pourvoir. Chaque liste obtiendra autant de sièges que son score contiendra le quotient électoral.

$$\text{Quotient électoral} = \frac{\text{total des suffrages exprimés}}{\text{nombre de sièges à pourvoir}}$$

Exemple : Total des suffrages = 10 000 voix - Nombre de sièges à pourvoir = 3.
Quotient électoral : 10 000 divisé par 3 = 3 333.

● La plus forte moyenne - Le plus fort reste

L'application du quotient électoral ne permet pas de distribuer tous les sièges. Pour attribuer les sièges restants, il existe deux méthodes de calcul.

▬ La méthode de « la plus forte moyenne » qui consiste à diviser le nombre de voix de chaque liste par le nombre de sièges obtenus + 1.

▬ La méthode du « plus fort reste » qui consiste à soustraire du nombre de voix de chaque liste le total des quotients électoraux qu'elle peut contenir, à comparer ensuite les voix restantes.

Par opposition à la méthode de plus forte moyenne, la méthode du plus fort reste favorise les petites formations politiques.

● Quelles élections ont lieu à la proportionnelle ?

Les élections sénatoriales dans les départements qui ont droit à 3 ou plus de 3 sénateurs (sans panachage ni vote préférentiel).

Dans cette élection, la méthode de calcul utilisée est celle de la plus forte moyenne.

Les élections européennes ont lieu au scrutin proportionnel.

● La parité hommes-femmes

Pour toutes les élections au scrutin de liste, la loi du 6 juin 2000 [*p. 20*] impose 50 % de candidats de chacun des deux sexes (à une unité près) :

– pour les sénatoriales et européennes, l'alternance un homme/une femme ou une femme/un homme est obligatoire du début à la fin de la liste ;

– pour les municipales, régionales et à l'Assemblée de Corse, la parité devra être respectée par tranche de six candidats.

Les listes ne respectant pas la parité ne seront pas enregistrées.

10 000 ÉLECTEURS VOTENT

Liste A	Liste B	Liste C	Liste D
5 000 voix	2 700 voix	1 200 voix	1 100 voix

Total des suffrages exprimés : 10 000 voix.
Total des sièges à pourvoir : 5

Méthode de la plus forte moyenne

Quotient électoral : 10 000 divisé par 5 = 2 000. Donc 2 000 voix donnent droit à un siège.

Les différentes listes obtiennent :

Liste A	Liste B	Liste C	Liste D
5 000	2 700	1 200	1 100
2 000	2 000	2 000	2 000
= 2 sièges	= 1 siège	= 0 siège	= 0 siège

3 sièges seulement viennent d'être attribués, il en reste 2. Les listes ayant les plus fortes moyennes recevront, dans l'ordre, les 2 sièges non attribués. Pour calculer la moyenne de chaque liste, on divise son nombre de voix par le nombre de sièges qu'elle a obtenus auquel on ajoute 1, d'où :
moyenne liste A : 5 000/(2 + 1) = 1 666
moyenne liste B : 2 700/(1 + 1) = 1 350
moyenne liste C : 1 200/(0 + 1) = 1 200
moyenne liste D : 1 100/(0 + 1) = 1 100

Les listes A et B auront un siège supplémentaire.

Résultats définitifs :

Liste A	Liste B	Liste C	Liste D

| Trois sièges | Deux sièges | Aucun siège | Aucun siège |

Méthode du plus fort reste

Quotient électoral : 10 000 divisé par 5 = 2 000. Donc 2 000 voix donnent droit à un siège.

Les différentes listes obtiennent :

Liste A	Liste B	Liste C	Liste D
5 000	2 700	1 200	1 100
2 000	2 000	2 000	2 000
= 2 sièges	= 1 siège	= 0 siège	= 0 siège

3 sièges seulement viennent d'être attribués, il en reste 2.
Les 2 sièges non attribués après la répartition avec le quotient électoral seront donnés aux deux listes ayant le plus fort reste.

Calcul des plus forts restes :
liste A : 5 000 - 2 (2 000) = 1 000
liste B : 2 700 - 1 (2 000) = 700
liste C : 1 200 - 0 = 1 200
liste D : 1 100 - 0 = 1 100

Les listes C et D ont les plus forts restes et se voient attribuer un siège supplémentaire.

Résultats définitifs :

Liste A	Liste B	Liste C	Liste D

| Deux sièges | Un siège | Un siège | Un siège |

État
Vie politique
Administration
Collectivités locales
Justice
International

Le scrutin mixte

Le scrutin de liste selon un mode mixte combine le scrutin majoritaire et le scrutin à représentation proportionnelle. Il est prévu deux tours de scrutin mais un seul peut suffire si une liste obtient la majorité absolue au 1er tour.

● **Si une liste obtient la majorité absolue au 1er tour**

▬ Une liste obtient au premier tour la majorité absolue (c'est-à-dire la moitié des suffrages plus une voix) : elle occupera la moitié des sièges à pourvoir. (On arrondit, si c'est nécessaire, au chiffre supérieur.)

▬ Le reste des sièges est réparti entre toutes les listes qui ont obtenu au moins 5 % des suffrages exprimés, y compris celle qui arrive en tête. Cette répartition se fait à la représentation proportionnelle, selon la méthode de la plus forte moyenne.

▬ Il n'y a qu'un seul tour de scrutin, le second tour ne se justifie pas.

● **Si aucune liste n'obtient la majorité absolue au 1er tour**

▬ Aucune liste n'obtient au premier tour la majorité absolue (c'est-à-dire la moitié des suffrages exprimés plus une voix) : il y a un deuxième tour de scrutin.

▬ Au deuxième tour, la liste qui obtient la majorité relative (c'est-à-dire le plus grand nombre de voix) recueille la moitié des sièges et le reste des sièges est réparti à la proportionnelle entre toutes les listes.

● **La barre des 10 %**

Seules les listes qui ont obtenu au moins 10 % des voix au premier tour du scrutin sont autorisées à se présenter au deuxième tour. Les listes ayant recueilli moins de 10 % des suffrages doivent se retirer du scrutin (elles pourront, toutefois, se représenter lors d'une autre élection).

● **Quelles élections ont lieu selon un mode mixte ?**

▬ Les élections municipales [p. 94], dans les communes de plus de 3 500 habitants, ont lieu selon le mode mixte.

▬ Ce scrutin a été adopté pour les élections municipales par la loi du 19 novembre 1982. Il concerne 2 228 communes qui ont plus de 3 500 habitants. Dans les 33 387 communes de moins de 3 500 habitants, les élections municipales ont lieu au scrutin de liste majoritaire.

50 000 ÉLECTEURS VOTENT

❧ Exemple 1 (un tour)

45 sièges à pourvoir, chaque liste comporte donc 45 noms.

Résultats du 1er tour :

Liste A	Liste B	Liste C
30 000 voix	17 000 voix	3 000 voix

Suffrages exprimés : 50 000 voix.
Majorité absolue : 25 001 voix.

Commentaire des résultats

La liste A, dont le score est supérieur à la majorité absolue, obtient la moitié des sièges, soit 45/2 = 22,5 soit 23 sièges. Il reste 22 sièges à distribuer entre les 3 listes, à la proportionnelle. Calcul du quotient électoral : 50 000 /22 = 2 272. Distribution des sièges à l'aide du quotient électoral : liste A : 13 sièges ; liste B : 7 sièges ; liste C : 1 siège.
Il reste 1 siège à distribuer selon la méthode de la plus forte moyenne.
La moyenne pour la liste A est de : 30 000/(13 + 1) = 2 142 ;
pour la liste B : 17 000/(7 + 1) = 2 125 ;
pour la liste C : 3 000/(1 + 1) = 1 500.
La liste A qui a la plus forte moyenne prend un siège.

Chaque liste obtient :

Liste A	Liste B	Liste C
23 sièges	7 sièges	1 siège
+ 13 sièges	+ 0 siège	+ 0 siège
+ 1 siège	= 7 élus	= 1 élu
= 37 sièges		
37 élus		

❧ Exemple 2 (deux tours)

45 sièges à pourvoir.

Résultats du 1er tour :

Liste A	Liste B	Liste C
23 000 voix	15 000 voix	12 000 voix

Suffrages exprimés : 50 000.
Majorité absolue : 25 001.
Aucune liste n'atteint la majorité absolue, il y a donc un deuxième tour.

Résultats du 2e tour :

Liste A	Liste B	Liste C
24 000 voix	14 000 voix	12 000 voix

Suffrages exprimés : 50 000.
On attribue la moitié des sièges à la liste A qui a la majorité relative.
Le reste est distribué à la proportionnelle entre les trois listes.

Chaque liste obtient :

Liste A	Liste B	Liste C
34 sièges	6 sièges	5 sièges

■ **Le CIDEM**

Le CIDEM (association Civisme et Démocratie) a pour ambition de promouvoir le civisme et l'éducation à la citoyenneté.
Adresse : 3 rue Récamier, 75341 Paris Cedex.
Email : www.cidem.org.

État

Vie politique

Administration

Collectivités locales

Justice

International

Les partis politiques

La vie politique française est animée par de nombreux partis politiques. Quelques-uns seulement ont une audience importante et sont représentés au Parlement. Chaque parti politique exprime un courant de pensée.

● La liberté politique

▬ Chacun est libre d'adhérer ou non à un parti politique.

▬ Chaque électeur est libre de voter pour élire un candidat appartenant à tel ou tel parti politique.

▬ L'âge d'adhésion et le montant de la cotisation varient d'un parti à l'autre.

La liberté politique est reconnue dans la Constitution de 1958. Elle reconnaît que « les partis et groupements politiques concourent à l'expression du suffrage. Ils se forment et exercent leur activité librement. Ils doivent respecter les principes de la souveraineté nationale et de la démocratie ».

● La majorité et l'opposition

▬ On appelle « partis de la majorité » les groupements politiques qui, ensemble, ont un nombre de députés qui atteint la majorité absolue [*p. 24*] à l'Assemblée. Les partis de la majorité soutiennent le gouvernement [*p. 40*] en place.

▬ On appelle « partis de l'opposition » l'ensemble des partis politiques qui n'ont pas la majorité à l'Assemblée et qui s'opposent à l'action du gouvernement en place.

● Gauche-droite

▬ Le terme « gauche » désignait, dans les assemblées parlementaires, les élus qui prennent place sur les bancs situés à gauche du président.

▬ Le terme « droite » désignait les élus assis à la droite du président.

L'origine des expressions « droite » et « gauche » remonte au 11 septembre 1789, lorsque les partisans de la monarchie se groupèrent à la droite du président de l'Assemblée nationale constituante. Donc, à l'origine, la « droite » rassemblait les défenseurs de l'ordre et de la tradition et faisait figure de parti plus conservateur.

Depuis, les expressions « droite » et « gauche » ont vu leur contenu évoluer.

● La parité hommes-femmes

La loi du 6 juin 2000 favorise l'égal accès des hommes et des femmes aux mandats électoraux et aux fonctions électives. Les partis et groupements politiques contribuent à la mise en œuvre de cette loi, relative à la parité entre les hommes et les femmes, concernant les élections municipales pour les communes de plus de 3 500 habitants, régionales, l'Assemblée de Corse, les élections sénatoriales à la proportionnelle, législatives et européennes.

Ne sont concernées les élections municipales pour les communes de moins de 3 500 habitants, les cantonales et les sénatoriales au scrutin uninominal.

La Constitution de la Vᵉ République reconnaît un rôle aux partis politiques.
ment et exercent leur activité librement. Ils doivent respecter les principes d
raineté nationale et de la démocratie ». Ils sont représentés au Parlement sou. ɪɑ ɪorme
de groupes parlementaires.

Chasse Pêche Nature Traditions (CPNT)
245, bd de la Paix
64000 Pau

Démocratie libérale
113, rue de l'Université
75007 Paris
www.demlib.com

Front national (FN)
4, rue Vauguyon
92210 Saint-Cloud
www.front-national.com

Parti communiste français (PCF)
2, place du Colonel-Fabien
75019 Paris
www.pcf.fr

Parti radical de gauche (PRG)
1, place de Valois
75001 Paris
www.partiradical.net

Parti socialiste (PS)
10, rue de Solférino
75333 Paris cedex 07
www.parti-socialiste.fr

Rassemblement pour la France (RPF)
129, avenue Charles de Gaulle
92200 Neuilly-sur-Seine
www.rpfie.org

Union pour la démocratie française (UDF)
133 bis, rue de l'Université
75007 Paris
www.udf.org

Union pour la Majorité présidentielle (UMP)
91, rue de Monceau
75008 Paris
www.u-m-p.org

Les Verts
25, rue Mélingue
75019 Paris
www.les-verts.org

La transparence financière de la vie politique

Depuis le 11 mars 1988 une loi établit une nécessaire transparence financière de la vie politique. Cette loi concerne le financement des partis et les frais de campagne. La loi du 19 janvier 1995 interdit le financement des activités politiques par les entreprises.
La Commission nationale des comptes de campagne et de financement peut rejeter les comptes de campagne d'un député si ses comptes dépassent le plafond fixé. Le Conseil constitutionnel se prononce ensuite sur la validité de l'élection.

État

e politique

Administration

Collectivités locales

Justice

International

Les syndicats de salariés

Un syndicat est une association de personnes exerçant la même profession ou des métiers similaires. Il a pour objet la défense des intérêts économiques et professionnels de ses membres tant auprès des représentants patronaux qu'auprès des représentants de l'État.

● La liberté syndicale

■ Chacun est libre d'adhérer ou non à un syndicat.

■ Pour adhérer, il suffit d'être salarié, d'avoir plus de 16 ans, sans distinction de sexe ou de nationalité. L'adhérent s'acquitte d'une cotisation qui donne droit à une déduction fiscale.

■ Une personne syndiquée peut se retirer librement de son syndicat.

● Le droit syndical dans l'entreprise

■ Ce droit est reconnu dans toutes les entreprises.

Un syndicat, reconnu sur le plan national, peut créer, dans l'entreprise, une section syndicale.

■ La section syndicale dispose du droit d'affichage. Elle peut distribuer des tracts syndicaux aux heures d'entrée et de sortie.

Au-delà de 200 salariés, un local est mis à la disposition de la section syndicale.

■ Le délégué syndical représente la section auprès du chef d'entreprise. Le délégué doit avoir au moins 18 ans et travailler dans l'entreprise depuis un an (4 mois en cas de création d'entreprise). Il ne peut être licencié qu'après avis conforme de l'Inspecteur du travail. Il dispose d'un certain nombre d'heures, à l'intérieur de ses horaires de travail, pour exercer ses fonctions (ex. : 10 heures au moins par mois si l'entreprise emploie de 50 à 150 salariés).

● Les attributions d'un syndicat

Il négocie avec les représentants patronaux, avec les représentants de l'État.

Il passe des contrats concernant la profession (exemple : conventions collectives).

Il peut décréter la grève.

Il peut aller en justice pour défendre ses intérêts.

Il présente des candidats aux élections des délégués du personnel et du comité d'entreprise.

Il informe ses adhérents, défend leurs intérêts professionnels et matériels.

Il crée des œuvres sociales.

LES GROUPEMENTS SYNDICAUX

Plus un syndicat réunit de membres, plus il est représentatif et capable de défendre leurs intérêts.

À partir de la section syndicale qui est la cellule de base, il existe plusieurs sortes de groupements : une union, une fédération, une confédération.

• **Une union** est une association de plusieurs syndicats, de métiers différents sur le plan local ou départemental.

• **Une fédération** groupe des syndicats d'une même profession sur le plan national (ex. : la FNSEA ou Fédération nationale des syndicats d'exploitants agricoles et depuis 1993, dans le domaine de l'enseignement, la FEN (Fédération de l'Éducation nationale) et la FSU (Fédération syndicale unitaire).

• **Une confédération** regroupe unions et fédérations sur le plan national.

Créée en 1964
Confédération française
démocratique du travail

Créée en 1944
Confédération générale des cadres

Créée en 1895
Confédération générale du travail

Créée en 1919
Confédération française
des travailleurs chrétiens

Créée en 1947
Force ouvrière

■ La reconnaissance du droit syndical

Le 21 mars 1884, la loi Waldeck-Rousseau autorise la création des syndicats. Le préambule de la Constitution de 1946, repris par celle de 1958, affirme que « tout homme peut défendre ses droits et ses intérêts par l'action syndicale et adhérer au syndicat de son choix ».

État

Vie politique

Administration

Collectivités locales

Justice

International

L'élection du président de la République

Le président de la République est élu par tous les citoyens, ce qui renforce l'autorité du chef de l'État. C'est le plus haut personnage de la République française.

● Qui peut être candidat ? Comment ?

■ Il faut être âgé de 23 ans révolus au jour du scrutin.

■ Une candidature doit être présentée par au moins 500 citoyens élus, membres du Parlement, des conseils généraux, du Conseil de Paris [p. 102], des assemblées territoriales des territoires d'outre-mer [p. 106], maires ou présidents de communauté d'agglomération ou de communauté de communes.
Les signatures des élus qui parrainent doivent provenir d'au moins 30 départements et territoires d'outre-mer différents.

■ Les candidatures sont adressées au Conseil constitutionnel [p. 56].

● Comment est élu le président de la République ?

■ Il est élu au suffrage universel direct depuis 1962, c'est-à-dire que chaque citoyen vote pour un candidat à l'élection présidentielle.

■ Le président de la République est élu au scrutin uninominal majoritaire [p. 24] à deux tours. Un délai de 15 jours sépare les deux tours de scrutin. Au 2e tour ne peuvent se présenter que les deux candidats arrivés en tête au 1er tour.

■ Depuis 2002, le président de la République est élu pour une durée de cinq ans, c'est un quinquennat. Il peut se représenter plusieurs fois de suite.

● Que se passe-t-il quand la place de président est vacante ?

■ Si le président de la République démissionne ou décède en cours de mandat, l'intérim est assuré par le président du Sénat, le temps d'organiser les prochaines élections.

■ Il y a suppléance et non intérim si le président de la République est malade ou en déplacement à l'étranger. Le Premier ministre [p. 38] peut alors le remplacer pour présider un Conseil des ministres.

● Comment est assurée la transparence du financement de campagne des candidats ?

■ Depuis 1995, chaque candidat doit désigner un mandataire pour tenir les comptes de sa campagne électorale selon des règles identiques pour tous. La comptabilité électorale de chaque candidat est vérifiée par le Conseil constitutionnel. Les dépenses de campagne sont plafonnées et remboursées aux candidats dépassant le seuil de 5 % au 1er tour.

■ Seuls les partis politiques et les personnes physiques peuvent financer un candidat. Les dons des entreprises sont interdits.

● Quel est le coût d'une élection présidentielle pour l'État ?

■ L'État supporte tous les frais de la campagne officielle (affichage sur les panneaux électoraux, séquences officielles à la radio et à la télévision, publication et diffusion des professions de foi) ainsi que l'édition des bulletins de vote.

■ Les coûts de l'élection présidentielle à la charge de l'État sont en constante augmentation : 114 millions d'euros en 1988, 133 millions en 1995 et 152 millions en 2002.

LE PARCOURS DU CANDIDAT

19 jours avant le 1er tour
envoi des 500 signatures

16 jours avant le 1er tour
publication des candidatures

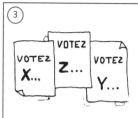

Ouverture officielle
de la campagne électorale

Réunions publiques

Allocutions télévisées

Fin de la campagne
électorale

1er tour (dimanche)

Proclamation
des résultats
du 1er tour

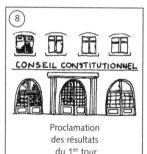

Campagne électorale
du 2e tour

Fin de la campagne
électorale

2e tour
(15 jours après le 1er tour)

Proclamation
du résultat

État

Vie politique

Administration

Collectivités locales

Justice

International

Les pouvoirs du président de la République

La Vᵉ République donne au chef de l'État des pouvoirs traditionnels qu'il exerce en permanence et les pouvoirs exceptionnels qu'il prend dans des circonstances importantes ou graves.

● Le président et l'exécutif

Il nomme le Premier ministre et, sur proposition du Premier ministre [p. 38], les autres ministres et met fin à leurs fonctions. Il préside le Conseil des ministres [p. 41]. Il nomme aux hautes fonctions civiles et militaires de l'État (recteurs [p. 77], préfets [p. 68]).

Il est le chef des armées [p. 72].

Il promulgue les lois (il signe et date). Il signe les ordonnances et les décrets délibérés [p. 50] (décidés) en Conseil des ministres.

● Le président et la Constitution

Il veille au respect de la Constitution. Si une loi ne lui paraît pas conforme à la Constitution, il peut demander l'avis du Conseil constitutionnel [p. 56].

Il nomme, pour neuf ans, trois membres du Conseil constitutionnel, dont le président de ce conseil.

● Le président et la diplomatie

Il doit maintenir l'indépendance de la nation par rapport à l'étranger. Il négocie et ratifie les traités. Il nomme les ambassadeurs français à l'étranger et reçoit les ambassadeurs étrangers.

● Le président et la justice

Il doit préserver l'indépendance de la justice. Les magistrats [p. 110] ne doivent pas subir de pression.

Il préside de droit le Conseil supérieur de la magistrature, dont il désigne les 9 membres.

Il a le droit de faire grâce.

● Le président et le Parlement

Il peut dissoudre l'Assemblée nationale [p. 42].

Il ouvre et ferme les sessions extraordinaires du Parlement par décret.

● Les pouvoirs exceptionnels

Le référendum [p. 20] : le président peut consulter les électeurs par référendum.

Les pleins pouvoirs : en vertu de l'article 16, le président peut prendre les pleins pouvoirs (exécutif + législatif) si le territoire est menacé ou envahi, si les institutions de la République sont menacées.

LE PALAIS DE L'ÉLYSÉE

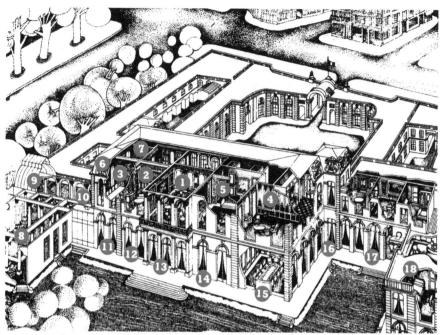

Le palais de l'Élysée est la résidence officielle du chef de l'État. Il se situe 55, rue du Faubourg Saint-Honoré 75008 Paris.

Les autres résidences présidentielles sont : le château de Rambouillet, l'hôtel Marigny, le fort de Brégançon (Var).

1. *Bureau du président* (l'ancien bureau de Charles de Gaulle et Georges Pompidou).
2. *Bureau du Conseiller auprès du président.*
3. *Bureau du Secrétaire général* (la salle du Conseil des ministres sous de Gaulle).
4. *Bureau du directeur de cabinet* (l'ancien bureau de Valéry Giscard d'Estaing).
5. *Secrétariat particulier du président.*
6. *Bureau du porte-parole de la présidence.*
7. *Bureau réservé au chef de cabinet.*
8. *Salle des fêtes* : en dessous de cette pièce rénovée en 1984, le président a fait installer un studio de télévision d'où il peut intervenir sans qu'il faille mettre en place des installations spéciales.
9. *Jardin d'hiver*, refait en 1984.
10 *Salle à manger Napoléon III.*
11. *Salon Murat*, où se tient le Conseil des ministres.
12. *Salon des aides de camp*, où ont lieu les déjeuners officiels.

13. *Salon des ambassadeurs*, où sont présentées les lettres de créance.
14. *Salon de l'hémicycle*, derrière lequel se trouve l'ascenseur réservé au président.
15. *Salon des portraits*, où se déroulent les petits déjeuners de travail.
16. *Salon Cléopâtre*, qui isole les appartements privés du président de la République.
17. *Bibliothèque.*
18. *Les appartements privés*, rénovés en 1984.

■ Les présidents de la Vᵉ République

Charles de Gaulle 1958-1969
Georges Pompidou 1969-1974
Valéry Giscard d'Estaing 1974-1981
François Mitterrand 1981-1995
Jacques Chirac 1995 -

État

Vie politique

Administration

Collectivités locales

Justice

International

Le Premier ministre

Nommé par le président de la République, le Premier ministre est l'animateur de l'équipe gouvernementale qu'il a contribué à choisir. Il a un rôle prépondérant dans la politique menée par le gouvernement. Sa résidence officielle est l'hôtel Matignon.

● Le président et le Premier ministre

Le président de la République [p. 36] nomme le Premier ministre et, sur proposition du Premier ministre, les autres membres du gouvernement [p. 41].

Le décret portant nomination du gouvernement est publié au *Journal officiel*.

Le président de la République met fin aux fonctions du Premier ministre, sur la présentation, par celui-ci, de la démission du gouvernement.

● Le rôle du Premier ministre

Dès sa nomination, il propose la liste des ministres au président de la République.

Il dirige l'action du gouvernement.

Il est, selon la Constitution, responsable de la défense nationale [p. 72].

Il assure l'exécution des lois.

Il dispose du pouvoir réglementaire [p. 50], c'est-à-dire qu'il peut prendre des décisions appelées décrets et contresignées par le ministre chargé de leur application.

Il nomme à certains emplois civils, autres que ceux pourvus par le président de la République.

Il peut, si le chef de l'État le lui demande, présider un Conseil des ministres [p. 41], sur un ordre du jour déterminé.

Il peut déléguer certains de ses pouvoirs aux ministres.

Il peut, au nom du gouvernement, soumettre au Parlement des projets de loi [p. 48].

Il peut proposer au président de la République une révision de la Constitution.

Il peut engager la responsabilité de son gouvernement devant l'Assemblée nationale, en posant la question de confiance [p. 54].

Il est consulté par le président de la République avant la prise des pleins pouvoirs.

Il préside le Conseil national de l'aménagement et du développement du territoire qui formule des avis et des suggestions sur la mise en œuvre de la politique et du schéma national d'aménagement et de développement du territoire par l'État, les collectivités territoriales et l'Union européenne.

L'HÔTEL MATIGNON

L'hôtel Matignon est situé 57, rue de Varenne à Paris.

Sa façade est de style rocaille et son jardin est le plus grand espace vert de Paris *intramuros*.

En 1721, Jean de Courtonne entreprend la construction pour le maréchal de Montmorency et l'achève pour le comte Jacques de Matignon.

En 1808, Talleyrand achète l'édifice qui changera plusieurs fois de propriétaire.
En janvier 1888, l'hôtel Matignon devient ambassade d'Autriche.

En janvier 1935, il est mis à la disposition du président du Conseil (Léon Blum sera le premier occupant).

Les Premiers ministres de la Ve République

1959-1962	Michel Debré
1962-1968	Georges Pompidou
1968-1969	Maurice Couve de Murville
1969-1972	Jacques Chaban-Delmas
1972-1974	Pierre Messmer
1974-1976	Jacques Chirac
1976-1981	Raymond Barre
1981-1984	Pierre Mauroy
1984-1986	Laurent Fabius
1986-1988	Jacques Chirac
1988-1991	Michel Rocard
1991-1992	Édith Cresson
1992-1993	Pierre Bérégovoy
1993-1995	Édouard Balladur
1995-1997	Alain Juppé
1997-2002	Lionel Jospin
2002-	Jean-Pierre Raffarin

État

Vie politique

Administration

Collectivités locales

Justice

International

Le gouvernement

Le Premier ministre, les ministres et les secrétaires d'État forment ce que l'on appelle le gouvernement. Celui-ci détermine et conduit la politique de la nation. Il dispose de l'administration et de la force armée. Avec le chef de l'État, il assure le pouvoir exécutif.

⚫ Nomination du gouvernement

Les ministres et secrétaires d'État sont nommés par le chef de l'État [*p. 36*] sur proposition du Premier ministre. Ils ont tous droit à l'appellation de « ministre ».

⚫ La fin du gouvernement

Si le Premier ministre [*p. 38*] remet au président de la République la démission de son gouvernement, il y a changement complet de gouvernement.
Si le président de la République met fin aux fonctions d'un ministre ou si un ministre démissionne, il y a remaniement ministériel.

⚫ La composition du gouvernement

Le nombre de ministres et de secrétaires d'État varie d'un gouvernement à l'autre. Il existe une hiérarchie ministérielle.
■ *Le Premier ministre* est l'animateur de l'équipe gouvernementale.
■ *Les ministres d'État* sont chargés d'un ministère jugé plus important ou d'un rôle de coordination.
■ *Les ministres à portefeuille* sont chargés d'un ministère.
■ *Les ministres délégués* dépendent du Premier ministre ou d'un ministre.
■ *Les secrétaires d'État* auprès d'un ministre ont un rôle plus restreint. Ils sont chargés d'un secteur limité.

⚫ Les incompatibilités

La Constitution précise que les fonctions de membre du gouvernement sont incompatibles avec l'exercice de tout mandat parlementaire, de toute fonction de représentation professionnelle à caractère national et de tout emploi public ou de toute activité professionnelle.
Ainsi donc, on ne peut être à la fois ministre et député, ministre et sénateur ou encore ministre et dirigeant syndical.

⚫ La responsabilité politique du gouvernement

Le gouvernement est responsable devant l'Assemblée nationale qui peut le renverser en votant une motion de censure ou en refusant la confiance.
Le Premier ministre est alors contraint de remettre la démission de son gouvernement au président de la République.

MINISTRES
ET CONSEIL DES MINISTRES

▪ Le Conseil des ministres

Il réunit le Premier ministre et les ministres sous la présidence du président de la République. Les secrétaires d'État n'y participent pas de plein droit.

Exceptionnellement, le Premier ministre peut présider un Conseil des ministres avec une délégation du chef de l'État et sur un ordre du jour déterminé.

Le Conseil des ministres se tient habituellement à l'Élysée [p. 37], le mercredi. Il s'achève par un communiqué officiel.

▪ Le Conseil de cabinet, le comité interministériel, le comité restreint

Le Conseil de cabinet réunit, exceptionnellement, le Premier ministre et les ministres.

Le comité interministériel, présidé par le Premier ministre, ne réunit que quelques ministres ou secrétaires d'État concernés par une même question.

Les comités restreints, sans existence légale, sont réunis à la demande ou avec autorisation du président de la République, pour préparer certaines affaires.

▪ Le rôle d'un ministre

Il joue un rôle politique en tant que membre du gouvernement. Il présente et défend le budget de son ministère devant le Parlement.

Il joue un rôle administratif comme chef hiérarchique du personnel de son ministère.

▪ Composition du gouvernement (juin 2002)

Premier ministre	Jean-Pierre Raffarin
Ministère	**Nomination**
Intérieur, Sécurité intérieures et Libertés locales	Nicolas Sarkozy
Affaires sociales, Travail et Solidarité	François Fillon
Garde des Sceaux, Justice	Dominique Perben
Affaire étrangères	Dominique De Villepin
Défense	Michèle Alliot-Marie
Jeunesse, Éducation nationale et Recherche	Luc Ferry
Économie, Finances et Industrie	Francis Mer
Équipement, Transports, Logement, Tourisme et Mer	Gilles De Robien
Écologie et Développement durable	Roselyne Bachelot-Narquin
Santé, Famille et Personnes handicapées	Jean-François Mattéi
Agriculture, Alimentation, Pêche et Affaires rurales	Hervé Gaymard
Culture et Communication	Jean-Jacques Aillagon
Fonction publique, Réforme de l'État et Aménagement du Territoire	Jean-Paul Delevoye
Outre-mer	Brigitte Girardin
Sports	Jean-François Lamour

▪ La Cour de justice de la République

Créée par la Révision constitutionnelle de 1993, composée de 12 parlementaires et de 3 magistrats professionnels, elle juge les ministres pour crimes et délits liés à leurs fonctions. Elle a siégé pour la première fois en février 1999.

État

Vie politique

Administration

Collectivités locales

Justice

International

L'Assemblée nationale

Le Parlement se compose de deux assemblées : l'Assemblée nationale et le Sénat. L'Assemblée nationale formée par les députés vote les lois et contrôle l'action du gouvernement. Élue directement par le peuple, elle joue un rôle prééminent dans le bicaméralisme.

● Le nombre des députés

Les députés siègent au Palais-Bourbon. La salle des séances a la forme d'un demi-cercle, c'est l'hémicycle. L'Assemblée nationale comprend 577 députés.

● L'élection des députés

■ Les élections législatives ont lieu tous les cinq ans, au suffrage universel direct. Cette durée de cinq ans s'appelle la législature. Elle peut être écourtée en cas de dissolution prononcée par le président de la République.

■ Les députés sont élus au scrutin uninominal majoritaire à deux tours (un député par circonscription). L'âge minimum d'éligibilité est de 23 ans. Pour être élu au premier tour, il faut obtenir la majorité absolue (plus de la moitié des suffrages exprimés) et un nombre au moins égal au quart des électeurs inscrits. Au second tour, le candidat qui recueille le plus grand nombre de voix est élu.

■ La loi prévoit de pénaliser financièrement les partis et les groupements politiques qui n'auront pas présenté 50 % de candidats de chacun des deux sexes aux élections législatives [*p. 30*].

■ Les frais de campagne sont plafonnés et contrôlés par la commission nationale des comptes de campagne.

● Le rôle de l'Assemblée nationale

■ *Le domaine de la loi* : l'Assemblée nationale vote les lois d'origine gouvernementale (projets de loi) ou parlementaire (propositions de lois). Elle vote le budget appelé projet de loi de finances.

■ *Le contrôle de l'action du gouvernement* : un député peut s'informer de l'action du gouvernement en posant des questions.

• Une question écrite : un député pose une question à un ministre qui répond dans le *Journal officiel*.

• Une question orale : un député pose, en séance publique, une question à un ministre qui lui répond oralement.

• Une question au gouvernement est posée en début des séances du mardi après-midi et du mercredi après-midi. Cette séance de questions est télévisée.

• L'Assemblée nationale peut renverser le gouvernement en votant une motion de censure ou en refusant la confiance [*p. 52 et 54*].

● Le président de l'Assemblée nationale

Le président de l'Assemblée nationale est élu pour la durée de la législature. Il dirige les débats depuis « le perchoir ». Il peut être remplacé par l'un des vice-présidents. Il nomme trois membres du Conseil constitutionnel. Il est informé lors de la prise des pleins pouvoirs par le chef de l'État.

REPRÉSENTATION POLITIQUE DE L'HÉMICYCLE

Effectif des groupes politiques en juin 2002

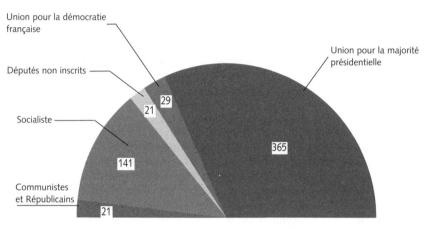

Union pour la démocratie française

Députés non inscrits

Socialiste

Communistes et Républicains

Union pour la majorité présidentielle

29
21
365
141
21

Président de l'Assemblée nationale (depuis le 25/06/2002) : Jean-Louis Debré

État

Vie politique

Administration

Collectivités locales

Justice

International

Le Sénat

Le Sénat constitue la deuxième assemblée du Parlement. On l'appelle « Haute assemblée ». Il est composé de sénateurs élus au suffrage universel indirect. Il est moins soumis aux pressions des électeurs et ne peut être dissous par le président de la République.

● Le nombre des sénateurs

Les sénateurs siègent au palais du Luxembourg. Le Sénat comprend 321 élus.
304 sont élus dans les départements de métropole et d'outre-mer, 3 dans les territoires d'outre-mer, 1 à Mayotte, 1 à Saint-Pierre-et-Miquelon, 12 représentent les Français de l'étranger.

● L'élection des sénateurs

▬ Ils sont élus au suffrage universel indirect [p. 20], pour neuf ans par un collège composé principalement des délégués des Conseils municipaux.
Il y a des élections sénatoriales tous les trois ans car le Sénat est renouvelable par tiers. Le scrutin se déroule, à chaque fois, dans une trentaine de départements. Le dernier renouvellement a eu lieu en septembre 2001.
▬ Le scrutin varie selon le nombre de sénateurs que le département doit élire : dans les départements de 1 et 2 sénateurs, c'est le scrutin majoritaire [p. 24] à deux tours ; dans les départements de 3 sénateurs et plus, c'est le scrutin de liste à représentation proportionnelle depuis la réforme adoptée en juin 2000.
Les élections sénatoriales à la proportionnelle sont concernées par la loi sur la parité hommes-femmes. Chaque liste est composée alternativement d'un candidat de chaque sexe.
▬ L'âge minimum d'éligibilité d'un sénateur est de 35 ans.

● Le rôle du Sénat

▬ Le domaine de la loi. Comme les députés, les sénateurs ont l'initiative législative, ils peuvent proposer un texte de loi qu'on appelle « proposition de loi » [p. 48] et déposer des amendements des textes qu'ils examinent.
Le Sénat vote les lois et le budget de l'État et contrôle l'action du gouvernement.
▬ Le Sénat, contrairement à l'Assemblée nationale, ne peut pas renverser le gouvernement. Le Sénat ne peut être dissous par le président de la République.
▬ Les sénateurs peuvent poser des questions (écrites, orales, avec ou sans débat d'actualité) aux ministres, au moins une fois par semaine.

● Le président du Sénat

▬ Le président du Sénat est élu (ou réélu) tous les trois ans. Il assure la présidence avec les quatre vice-présidents.
▬ Il est le troisième personnage de l'État dans l'ordre officiel pour les cérémonies publiques. Il assure l'intérim si la place de président de la République est vacante.
Il nomme trois membres du Conseil constitutionnel [p. 56].
Il est informé lors de la prise des pouvoirs exceptionnels par le chef de l'État.

LES GROUPES POLITIQUES

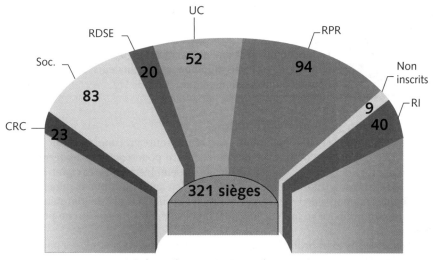

UC
RDSE
Soc.
52
20
94
RPR
Non inscrits
83
9
RI
40
CRC
23
321 sièges

Président : Christian PONCELET (élu en 2001)
effectifs juin 2002

CRC : Communiste Républicain et Citoyen, **Soc.** : groupe socialiste,
RDSE : Rassemblement Démocratique et Social Européen, **UC** : Union Centriste,
RPR : Rassemblement Pour la République, **RI** : Républicains et Indépendants.

Sénat. Palais du Luxembourg. 15 rue de Vaugirard 75006 Paris

État

Vie politique

Administration

Collectivités locales

Justice

International

Le Parlement : sessions et débats

Le fonctionnement du Parlement est réglementé. Les députés se réunissent, au Palais-Bourbon, et les sénateurs, au palais du Luxembourg, en une session unique.

● La session parlementaire unique

■ Les députés et les sénateurs se réunissent en une session unique de 9 mois. Elle commence le premier mardi d'octobre pour s'achever le dernier jeudi de juin. Le nombre de jours de séance de chaque assemblée ne peut excéder 120.

■ Les sessions extraordinaires ont lieu à la demande du Premier ministre ou de la majorité des membres de l'Assemblée nationale et sur un ordre du jour déterminé. Si la session extraordinaire se fait sur la demande des députés, la session ne peut dépasser 12 jours.

■ Les sessions extraordinaires du Parlement sont ouvertes et closes par décret présidentiel [p. 36].

● Le bureau des assemblées

■ Il assure l'organisation du travail parlementaire, la présidence des débats et l'administration dans chacune des deux assemblées qui composent le Parlement.

■ À l'Assemblée nationale [p. 42], le bureau comprend un président élu pour 5 ans, 6 vice-présidents, 12 secrétaires et 3 questeurs chargés de la gestion financière et administrative.

Au Sénat [p. 44], le bureau comprend un président élu pour 3 ans, 4 vice-présidents, 8 secrétaires et 3 questeurs.

● Les groupes politiques

■ Les groupes politiques : les parlementaires sont le plus souvent groupés par affinités politiques. Il faut 20 députés apparentés au même parti [p. 30] pour constituer un groupe politique à l'Assemblée nationale, il faut 15 sénateurs au Sénat.

■ Chaque groupe politique élit son président de groupe.

● La conférence des présidents

La conférence des présidents comprend à l'Assemblée nationale comme au Sénat : le président de l'assemblée, les vice-présidents, les présidents des groupes parlementaires, les présidents des commissions, un représentant du gouvernement. La conférence des présidents fixe l'ordre du jour des travaux parlementaires en fonction des demandes du gouvernement.

LES COMMISSIONS PARLEMENTAIRES

L'essentiel du travail préparatoire au vote d'une loi est effectué en commissions. Ces commissions sont au nombre de six à l'Assemblée nationale et de six au Sénat. Chaque commission étudie le texte de loi avant le vote par les assemblées.

▪ Les commissions permanentes à l'Assemblée nationale

– Affaires culturelles, familiales et sociales.
– Affaires étrangères.
– Finances, économie générale et plan (vérification du budget de l'État).
– Défense nationale et forces armées.
– Production et échanges.
– Lois constitutionnelles, législation et administration générale de la République.

▪ Les commissions permanentes du Sénat

– Affaires culturelles.
– Affaires étrangères, défense et forces armées.
– Affaires économiques et plan.
– Affaires sociales.
– Finances, contrôle budgétaire et comptes économiques de la nation.
– Lois constitutionnelles, législation, suffrage universel, règlement et administration générale.

▪ Les commissions spéciales

Si un texte de loi ne correspond à aucune des six commissions permanentes, le gouvernement ou les assemblées parlementaires peuvent demander la création d'une commission spéciale pour examiner ce texte de loi.

Un ou plusieurs députés peuvent créer des missions d'information et des commissions d'enquête sur des sujets précis. Si l'Assemblée le décide par un vote, une commission d'enquête constituée de 30 députés peut effectuer, pour une durée de six mois, des investigations sur un problème particulier (situation de l'industrie automobile, sida, etc.).

▪ Les commissions d'enquête

En juillet 2000, des députés et des sénateurs après enquête sur le terrain, rendent publiques leurs conclusions sur l'état des prisons en France.

▪ Les séances publiques

La partie la plus visible de l'activité parlementaire a lieu en séance plénière. Les séances des deux assemblées sont publiques. Le compte rendu intégral des débats est publié au *Journal officiel*. Il est possible d'assister aux débats depuis l'une des tribunes ouvertes au public. Les dix premières personnes qui se présentent à l'entrée ont droit à une place. Il est plus sûr de demander une invitation à son député ou à son sénateur.
La partie la moins visible comprend les administrateurs, les huissiers (la première femme huissier a été recrutée en décembre 1997), les informaticiens, les secrétaires...

État

Vie politique

Administration

Collectivités locales

Justice

International

Comment est votée une loi ?

Le vote de la loi se fait selon un mécanisme complexe. Le texte est examiné successivement par les deux assemblées car c'est un texte identique qui doit être adopté. Le pouvoir législatif constitue la part importante du travail de l'Assemblée nationale et du Sénat.

● L'initiative et le dépôt du texte

▬ Elle appartient au Premier ministre, au nom du gouvernement, c'est alors un projet de loi ; à chaque député et à chaque sénateur, c'est alors une proposition de loi.

▬ Le projet de loi ou la proposition est déposé sur le bureau de l'Assemblée nationale [*p. 42*] ou du Sénat [*p. 44*]. Le projet de loi des finances est soumis d'abord à l'Assemblée nationale.

● L'examen par une commission

Le texte est alors examiné par l'une des six commissions permanentes [*p. 46*] de l'assemblée saisie ou par une commission spéciale créée à cet effet. La commission désigne un rapporteur.

▬ La conférence des présidents [*p. 46*] fixe l'ordre du jour en tenant compte des priorités fixées par le gouvernement.

▬ La discussion s'ouvre par l'intervention du rapporteur qui présente le texte et les conclusions de la commission. Ensuite les orateurs inscrits donnent l'avis de leur groupe politique [*p. 46*] sur le texte. Commence ensuite la discussion par article. Le texte initial peut subir des modifications appelées amendements.

● Le vote

▬ Pour éviter les amendements, le gouvernement peut recourir à la procédure du « vote bloqué ». Il oblige l'assemblée saisie à adopter le texte tel qu'il est ou à le repousser sans pouvoir le modifier. Il peut engager sa responsabilité à propos d'un projet de loi.

▬ Un texte est voté quand il est adopté en termes identiques par l'Assemblée nationale et le Sénat.

● La promulgation

▬ Quand la loi est votée, le président de la République [*p. 34*] la signe et la date, dans un délai de quinze jours : c'est la promulgation. Pendant ce délai, le président peut demander au Parlement une nouvelle délibération de la loi.

▬ La loi peut être soumise au Conseil constitutionnel [*p. 56*] à la demande du président de la République, du Premier ministre, du président de chaque assemblée, ou de soixante députés ou sénateurs.

LA NAVETTE PARLEMENTAIRE

Pour être adopté définitivement, un texte législatif doit être examiné successivement par les deux assemblées. Ces lectures se poursuivront jusqu'à l'adoption d'un texte identique.

Situation 1

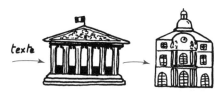

L'Assemblée nationale adopte le texte en première lecture.
Le texte est examiné par le Sénat qui l'adopte dans les mêmes termes.
La procédure est terminée, la loi est votée.

Situation 2

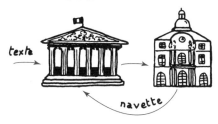

L'Assemblée nationale examine le texte en première lecture.
Le Sénat modifie le texte transmis.
Le texte retourne à l'Assemblée nationale.
C'est le début du va-et-vient entre les deux assemblées qu'on appelle « navette parlementaire ».
Si, après deux lectures dans chaque assemblée, le texte est adopté en termes identiques, la loi est votée.

Situation 3

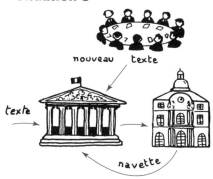

Après deux lectures dans chaque assemblée, il est possible que le désaccord persiste. Le Premier ministre peut demander la réunion d'une « commission mixte paritaire » formée de sept députés et de sept sénateurs. Cette commission élabore un nouveau texte soumis à chaque assemblée. Si ce nouveau texte est voté par les deux chambres, la loi est adoptée, sinon le Premier ministre demande aux députés de trancher.

Le *Journal officiel*

C'est dans le *Journal officiel* que sont publiés les textes de lois et les décrets. Une loi ne peut être appliquée que lorsque les décrets d'application sont parus au *Journal officiel*. Avant cette parution, même votée par le Parlement, la loi ne peut être appliquée. On peut consulter le *Journal officiel* dans une mairie, à la sous-préfecture ou sur Internet, on peut également s'y abonner (26, rue Desaix, 75015 Paris. Site Internet : www.Journal-officiel.gouv.fr).

État

Vie politique

Administration

Collectivités locales

Justice

International

Les lois et les règlements

Le Parlement fait des lois dans des domaines qui sont énumérés par la Constitution. Le pouvoir exécutif (président de la République et gouvernement) prend aussi des décisions qui s'imposent à tous les citoyens. Ces décisions s'appellent des règlements.

● Les lois ordinaires

■ Les lois ordinaires ou parlementaires constituent l'essentiel de l'activité du Parlement qui assure le pouvoir législatif.

■ Les lois de finances déterminent les recettes et les dépenses [p. 60] de l'État.

■ Les lois de programme fixent les objectifs économiques de l'État.

● Les lois organiques

■ Ce sont des lois qui précisent ou complètent la Constitution. Par exemple, une loi organique fixe le nombre de membres de l'Assemblée nationale et du Sénat.

■ Les lois organiques sont soumises au Conseil constitutionnel [p. 57] et votées comme des lois ordinaires. Toutefois, en cas de désaccord entre les chambres, l'Assemblée nationale doit les adopter à la majorité absolue de ses membres.

● La loi constitutionnelle

■ Chaque article de la Constitution est une loi constitutionnelle. Elle est adoptée par référendum [p. 20] ou par le Parlement réuni en congrès (réunion des députés et des sénateurs). Le texte doit alors être adopté à la majorité des 3/5.

■ La loi constitutionnelle est la plus importante car toutes les autres lois (ordinaires ou organiques) doivent lui être soumises.

● La hiérarchie des textes de loi et règlements

Les diverses sources du droit respectent la hiérarchie suivante :

– la Constitution du 4 octobre 1958 (texte fondamental qui définit l'organisation des institutions publiques). Un arrêt de la Cour de cassation (juin 2000) confirme la supériorité de la Constitution sur les traités ;

– les traités et les accords internationaux ratifiés par le Parlement ;

– les lois ;

– les ordonnances ;

– les règlements d'application : les décrets et les arrêtés (ministériels, préfectoraux, ou municipaux).

Les règlements

Le président de la République et le gouvernement peuvent prendre des décisions dans tous les domaines qui ne sont pas réservés au Parlement. Ce sont les ordonnances, les décrets, les arrêtés et les circulaires.

Les ordonnances

Le Parlement peut autoriser le gouvernement à prendre, par ordonnances, des mesures qui sont normalement du domaine de la loi. Les ordonnances sont prises en Conseil des ministres après avis du Conseil d'État. Assimilées à des règlements, elles entrent en vigueur quand elles sont signées par le président de la République et quand elles sont publiées. Elles deviennent cependant « caduques » (sans effet) si un projet de loi de ratification n'est pas déposé devant le Parlement dans un délai fixé. La procédure des ordonnances est une innovation de la Ve République.

Les décrets

Le président de la République prend des décisions appelées décrets présidentiels. Il nomme le Premier ministre par décret. Le chef de l'État signe également les décrets pris en Conseil des ministres, il y aura alors contreseing (signature) du Premier ministre et des ministres intéressés.

Le Premier ministre prend des décisions appelées décrets ministériels pour l'exécution des lois votées par le Parlement. Il dispose également d'un pouvoir de décision autonome ; par décret, il peut décider que tout fonctionnaire engagé dans une procédure disciplinaire a le droit d'obtenir la communication des documents contenus dans son dossier.

Les arrêtés

Ce sont des décisions prises par une autorité administrative.

• Un arrêté *ministériel* est élaboré et signé par un ministre (un arrêté ministériel fixe la durée hebdomadaire de la scolarité à l'école primaire).

• Un arrêté *rectoral* est élaboré et signé par un recteur d'académie.

• Un arrêté *préfectoral* est élaboré et signé par un préfet.

• Un arrêté *municipal* est signé par le maire.

Les circulaires

Ce sont des textes internes à une administration et qui ne concernent que son personnel.

Le Parlement réuni en congrès

Un projet de révision de la Constitution peut être adopté par référendum ou par le Parlement réuni en congrès à la demande du président de la République. Pour être approuvée, la révision doit obtenir la majorité des 3/5 des suffrages exprimés.

Par tradition, le Parlement se réunit au complet avec tous les députés et sénateurs à Versailles. C'est ainsi qu'a été adoptée la révision de la Constitution qui permet au Parlement à compter de la fin 1996, d'exercer un droit de regard sur le financement de la sécurité sociale. Le Congrès a été réuni le 6 juillet 1998 pour l'adoption de la loi constitutionnelle sur la Nouvelle-Calédonie ; le 28 juin 1999 pour ratifier la parité hommes-femmes en politique et la Cour pénale internationale.

État

Vie politique

Administration

Collectivités locales

Justice

International

La motion de censure

Le gouvernement est responsable de son action devant les députés. L'Assemblée nationale peut mettre en cause la responsabilité du gouvernement par le dépôt d'une motion de censure qui, si elle est votée, entraîne alors la démission du gouvernement.

● Le mécanisme de la motion de censure

■ La motion de censure est l'acte par lequel les députés [p. 42] mettent en jeu la responsabilité du gouvernement et cherchent à le renverser. Cette initiative de l'Assemblée nationale porte le nom de motion de censure offensive.

■ Pour être adoptée, une motion de censure doit franchir trois étapes.

1. Le dépôt :
La motion de censure doit être déposée par au moins 1/10 des députés qu'on appelle alors signataires.

2. Le délai de réflexion :
Un délai de 48 heures, appelé délai de réflexion, doit s'écouler entre le dépôt et le vote.

3. Le vote :
Pour être adoptée, la motion de censure doit obtenir la majorité absolue des membres composant l'Assemblée nationale. Seuls sont recensés les votes favorables à la motion.

$$\text{nombre de oui} \geq \frac{\text{nombre de députés composant l'Assemblée}}{2} + 1$$

Pour le vote d'une motion de censure, les députés se déplacent à la tribune.
Il a lieu par scrutin public à la tribune par appel nominal.

● Les effets du dépôt d'une motion de censure

■ Si la motion est votée, le Premier ministre [p. 38] est contraint de remettre au président de la République la démission de son gouvernement [p. 40].
Le gouvernement est renversé.

■ Si la motion de censure est rejetée parce qu'elle n'a pas atteint la majorité absolue des membres de l'Assemblée nationale, le gouvernement reste en place. Un même député ne peut être signataire de plus de trois motions par session ordinaire et d'une par session extraordinaire [p. 46] sauf en cas d'engagement de la responsabilité du gouvernement.

EXEMPLE DE DÉROULEMENT DU SCRUTIN

Annonce du vote sur la motion de censure

M. le président. Je vais mettre aux voix la motion de censure.

En application des articles 65 et 66, paragraphe II, du règlement, il doit être procédé au vote par scrutin public à la tribune.

Le scrutin va avoir lieu par bulletins.

Je prie Mmes et MM. les députés disposant d'une délégation de vote de vérifier immédiatement au bureau des secrétaires, à ma gauche, si leur délégation a bien été enregistrée à la présidence.

Je vais tirer au sort la lettre par laquelle commencera l'appel nominal.

(Le sort désigne la lettre T.)

M. le président. Le scrutin va être annoncé dans le Palais.

....

....

....

Préparation du vote et consignes

M. le président. Afin de faciliter le déroulement ordonné du scrutin, j'invite instamment nos collègues à ne monter à la tribune qu'à l'appel de leur nom ou de celui de leur délégant.

Je rappelle à ceux de nos collègues disposant d'une délégation qu'ils doivent remettre à MM. les secrétaires, non pas un bulletin ordinaire, mais une consigne écrite sur laquelle sont portés le nom du délégant, le nom et la signature du délégué.

Je rappelle également que seuls les députés favorables à la motion de censure participent au scrutin.

J'invite donc MM. les secrétaires à ne déposer dans l'urne que les bulletins blancs ou les délégations « pour ».

Le scrutin est ouvert.

Il sera clos à zéro heure treize.

Messieurs les huissiers, veuillez commencer l'appel nominal.

(L'appel a lieu. — Le scrutin est ouvert à vingt-trois heures vingt-huit.)

....

....

....

Clôture du scrutin

M. le président. Personne ne demande plus à voter ?...

Le scrutin est clos.

J'invite MM. les secrétaires à se retirer dans le cinquième bureau pour procéder au dépouillement des bulletins.

Le résultat du scrutin sera proclamé ultérieurement.

Suspension de séance

M. le président. La séance est suspendue.

(La séance, suspendue à zéro heure quinze, est reprise à zéro heure trente-cinq.)

Annonce du résultat

M. le président. La séance est reprise.

Voici le résultat du scrutin :

....

....

....

> Depuis la Ve République, une seule motion a été adoptée, le 4 octobre 1962, provoquant la démission du gouvernement de Georges Pompidou. Elle concernait l'opposition du Parlement au projet de l'élection du président de la République au suffrage universel direct annoncé par le général de Gaulle.

État

Vie politique

Administration

Collectivités locales

Justice

International

La question de confiance

Le gouvernement peut, de lui-même, engager sa responsabilité devant l'Assemblée nationale. Il pose ce que l'on appelle la question de confiance sur son programme, sur un débat de politique générale ou à l'occasion d'un projet de loi. Les députés doivent alors se prononcer.

● La question de confiance sur un programme ou sur une déclaration de politique générale

▬ Le Premier ministre [p. 38], après délibération en Conseil des ministres, peut engager la responsabilité de son gouvernement [p. 40] sur son programme ou sur une déclaration de politique générale.

▬ Le vote de confiance a lieu à la majorité simple des membres de l'Assemblée nationale [p. 42].

Si la confiance est votée, le gouvernement reste en place.

Si la confiance est refusée, le gouvernement est renversé et le Premier ministre remet la démission de son gouvernement au président de la République [p. 36].

● La question de confiance à propos d'un texte

Après délibération en Conseil des ministres, le Premier ministre peut engager la responsabilité du gouvernement devant l'Assemblée nationale à propos d'un texte ou projet de loi [p. 50]. Dans ce cas, les députés peuvent avoir deux attitudes.

▬ Si les députés ne déposent pas de motion de censure dans les 24 heures [p. 52] : le gouvernement estime avoir la confiance de l'Assemblée. Le texte de loi est considéré comme adopté, sans vote.

▬ Les députés peuvent déposer une motion de censure (dite défensive). Elle doit être signée par 1/10 des députés et le vote a lieu après le délai de réflexion de 48 h.

Si la motion est votée, le gouvernement est renversé et le texte de loi est refusé.

Si la motion de censure est rejetée, le gouvernement estime avoir la confiance de l'Assemblée nationale et il reste en place, le texte est considéré comme adopté.

Cette procédure de la question de confiance à propos d'un texte permet au gouvernement d'obtenir qu'un texte soit rapidement adopté.

QUAND LE PREMIER MINISTRE UTILISE LE 49-3

C'est l'article 49 de la Constitution, alinéa 3, qui autorise le Premier ministre à engager la responsabilité de son gouvernement, devant les députés, à propos d'un texte.

• 1re possibilité

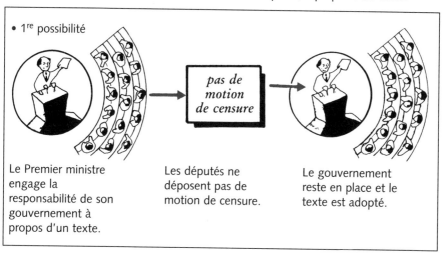

Le Premier ministre engage la responsabilité de son gouvernement à propos d'un texte.

Les députés ne déposent pas de motion de censure.

Le gouvernement reste en place et le texte est adopté.

• 2e possibilité

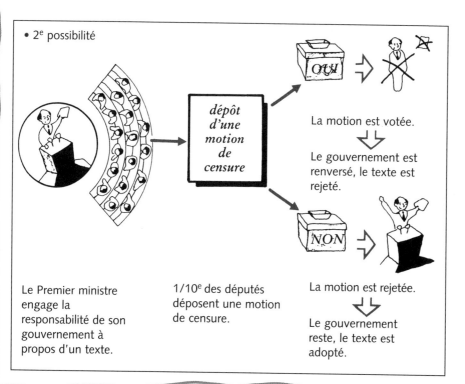

Le Premier ministre engage la responsabilité de son gouvernement à propos d'un texte.

1/10e des députés déposent une motion de censure.

La motion est votée.
Le gouvernement est renversé, le texte est rejeté.

La motion est rejetée.
Le gouvernement reste, le texte est adopté.

État

Vie politique

Administration

Collectivités locales

Justice

International

Le Conseil constitutionnel

Le Conseil constitutionnel est chargé de veiller au respect de la Constitution : c'est lui qui déclare que les lois votées sont conformes aux institutions. Il s'assure de la légalité des opérations de vote et il est consulté dans des circonstances graves. Il siège à Paris, au Palais-Royal.

● Quelle est sa composition ?

■ Il comprend neuf membres encore appelés les « neuf sages » :
– trois de ses membres sont nommés par le président de la République [*p. 36*] ;
– trois membres sont nommés par le président de l'Assemblée nationale [*p. 42*] ;
– trois membres sont nommés par le président du Sénat [*p. 44*].

■ Le président du Conseil constitutionnel est nommé par le président de la République et a voix prépondérante en cas de partage des voix lors d'un vote.

■ En plus des neuf membres, en font partie de droit et à vie les anciens présidents de la République.

■ Le Conseil constitutionnel se renouvelle par tiers tous les trois ans. Le mandat des membres est de neuf ans et n'est pas renouvelable.

● Quel est son rôle lors des consultations électorales ?

■ *Lors des élections présidentielles [p. 34]*
Il veille à la régularité de l'élection du président de la République.
Il examine les réclamations.
Il proclame les résultats du scrutin.

■ *Lors des élections législatives et sénatoriales [p. 21]*
Il statue en cas de contestation sur la régularité de l'élection des députés et des séna-teurs.
Tout électeur, et toute personne ayant fait acte de candidature, peut saisir le Conseil constitutionnel s'il estime qu'une irrégularité a été commise. Il dispose de dix jours après la proclamation des résultats pour demander l'annulation de l'élection.
Le Conseil constitutionnel peut, le cas échéant, ordonner une enquête et se faire com-muniquer tout document ayant trait à l'élection, notamment les comptes de campagne établis par les candidats intéressés.

■ *Lors d'un référendum [p. 20]*
Le Conseil constitutionnel est consulté par le gouvernement sur l'organisation des opé-rations de référendum.
Le Conseil constitutionnel veille à la régularité des opérations de référendum et en pro-clame les résultats.

LE RESPECT DE LA CONSTITUTION

Le Conseil constitutionnel est garant du respect de la Constitution

Les lois organiques, avant leur promulgation, et les règlements des assemblées parlementaires avant leur mise en application, doivent être soumis au Conseil constitutionnel qui se prononce sur leur conformité à la Constitution.

Les lois ordinaires peuvent être envoyées au Conseil constitutionnel avant leur promulgation par le président de la République, le Premier ministre, le président de l'Assemblée nationale, le président du Sénat et depuis la réforme constitutionnelle adoptée par le Parlement réuni en congrès le 29 octobre 1974, par 60 députés ou 60 sénateurs.

Le Conseil constitutionnel statue (rend sa décision) dans un délai d'un mois. Ce délai est réduit à 8 jours quand le gouvernement déclare l'urgence.
La saisine du Conseil constitutionnel suspend le délai de promulgation.

Le Conseil constitutionnel peut être appelé par le gouvernement à déterminer la frontière entre le domaine réglementaire et le domaine de la loi.

Une disposition déclarée inconstitutionnelle ne peut être ni promulguée ni mise en application. Les décisions du Conseil constitutionnel ne sont susceptibles d'aucun recours.

Début 2002, le Conseil constitutionnel s'est prononcé sur le financement des 35 heures et sur le nouveau statut de la Corse.

Les obligations imposées aux membres du Conseil constitutionnel

Avant d'entrer en fonction, les membres nommés du Conseil constitutionnel prêtent serment devant le président de la République.

Ils jurent de bien et fidèlement remplir leurs fonctions, de les exercer en toute impartialité dans le respect de la Constitution, de garder le secret des délibérations et des votes et de ne prendre aucune position publique, de ne donner aucune consultation sur les questions relevant de la compétence du Conseil. Un acte est dressé de la prestation de serment.

Les fonctions des membres du Conseil constitutionnel sont incompatibles avec celles de membre du gouvernement ou du Parlement ou du Conseil économique et social.
Pendant la durée de leurs fonctions, les membres du Conseil constitutionnel ne peuvent être nommés à aucun emploi public ni, s'ils sont fonctionnaires publics, recevoir une promotion au choix.

Les circonstances exceptionnelles

Le Conseil constitutionnel constate l'état de vacance de la présidence de la République.
Ce fut le cas en 1969 après la démission du général de Gaulle et, en 1974, après le décès de Georges Pompidou.
Le Conseil constitutionnel est consulté avant la prise des pleins pouvoirs par le président de la République. Ce fut le cas en 1961 lors du putsch d'Alger.
L'avis motivé du Conseil constitutionnel est publié au *Journal officiel*.

État
Vie politique
Administration
Collectivités locales
Justice
International

Le Conseil économique et social

Troisième assemblée constitutionnelle de la République, il siège à Paris, au palais d'Iéna. Il conseille le gouvernement et participe à l'élaboration de la politique économique et sociale du pays. Il n'a qu'un pouvoir consultatif.

● Le gouvernement consulte le Conseil économique et social

■ Il le consulte obligatoirement pour avis sur les projets et propositions de loi [*p. 50*], de programme ou de plan.

■ Le gouvernement consulte éventuellement le conseil pour tout problème à caractère économique ou social.

Exemples : les perspectives énergétiques de la France à l'horizon 2010-2020 ; sport de haut niveau et argent ; le droit du travail : les dangers de son ignorance.

● Le Conseil économique et social émet des avis

Chaque semestre, il émet un avis sur la situation économique des six mois précédents et sur les perspectives du semestre suivant. Il peut de sa propre initiative appeler l'attention du gouvernement sur des sujets très divers.

Exemples : liberté d'information du citoyen face au développement des médias ; la France face aux enjeux des biotechnologies ; âges et emploi à l'horizon 2010 ; aéroports de proximité et aménagement du territoire.

● Qui siège au Conseil économique et social ?

Le Conseil économique et social comprend 231 membres âgés d'au moins 25 ans, désignés ou nommés pour une durée de cinq ans. 70 % des membres sont désignés par l'organisation qu'ils représentent : organisations syndicales, professionnelles, organismes de la coopération et de la mutualité, associations familiales. 30 % des membres sont nommés par le gouvernement : représentants des entreprises publiques, représentants de l'Outre-Mer, des personnalités qualifiées…

● L'organisation du Conseil économique et social

■ *Le bureau* : le président et dix-huit membres élus au scrutin secret, pour deux ans et six mois. Il fixe l'ordre du jour des travaux.

■ *Les sections spécialisées* sont au nombre de neuf. Chaque section comprend 27 à 29 membres et couvre un secteur d'activité. Dans leur spécialité, elles préparent les rapports et les avis. Une commission spéciale prépare les avis et rapports concernant le plan et les problèmes de planification.

■ *L'assemblée plénière* : réunie en séance publique, une à deux fois par mois, elle vote les avis préparés par les sections spécialisées.

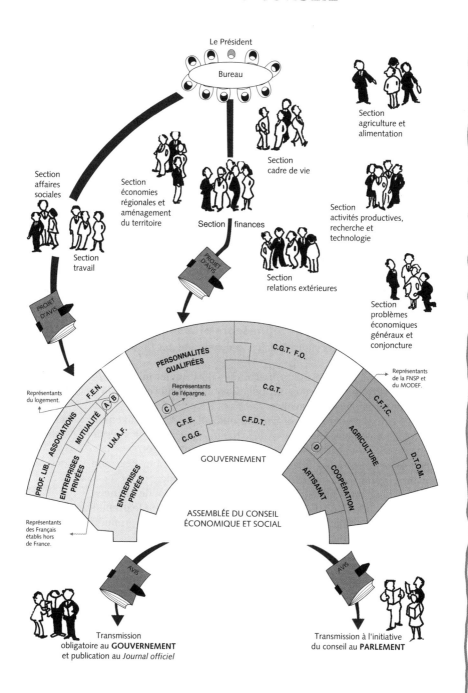

Le Président

Bureau

Section agriculture et alimentation

Section cadre de vie

Section affaires sociales

Section économies régionales et aménagement du territoire

Section finances

Section activités productives, recherche et technologie

Section travail

Section relations extérieures

Section problèmes économiques généraux et conjoncture

PROJET D'AVIS

PROJET D'AVIS

PROJET D'AVIS

PERSONNALITÉS QUALIFIÉES

C.G.T. F.O.

C.G.T.

Représentants du logement.

Représentants de l'épargne.

Représentants de la FNSP et du MODEF.

F.E.N.

ASSOCIATIONS

MUTUALITÉ

A B

C

C.F.E.

C.G.G.

C.F.D.T.

C.F.T.C.

AGRICULTURE

D.T.O.M.

PROF. LIB.

ENTREPRISES PRIVÉES

U.N.A.F.

ENTREPRISES PRIVÉES

GOUVERNEMENT

D

ARTISANAT

COOPÉRATION

Représentants des Français établis hors de France.

ASSEMBLÉE DU CONSEIL ÉCONOMIQUE ET SOCIAL

AVIS

AVIS

Transmission obligatoire au **GOUVERNEMENT** et publication au *Journal officiel*

Transmission à l'initiative du conseil au **PARLEMENT**

État

Vie politique

Administration

Collectivités locales

Justice

International

La préparation et le vote du budget de l'État

La préparation du budget de l'État est effectuée par le gouvernement. La discussion et le vote par le Parlement occupent la quasi-totalité de la session d'automne.

● Qu'appelle-t-on budget ?

Le budget de l'État est la prévision des dépenses et des recettes de l'État pour une année.

Il est conçu dans le cadre d'une loi de finances [*p. 50*], votée par le Parlement. On distingue la loi de finances de l'année, la loi rectificative et la loi de règlement.

▬ *La loi de finances de l'année* : elle détermine la nature et le montant des dépenses et des recettes. Elle est votée avant le début de l'année.

▬ *La loi de finances rectificative* : appelée aussi « collectif budgétaire ». Elle modifie en cours d'année le budget initial en fonction de l'évolution économique et des besoins ressentis, ou d'un changement de politique gouvernementale.

▬ *La loi de règlement* : elle constate les résultats financiers définitifs pour l'année écoulée.

● Le budget se prépare en plusieurs étapes

La préparation du budget de l'année (*n*) s'échelonne sur toute l'année qui précède son application (*n*-1).

▬ 1. Recensement des besoins et arbitrage du Premier ministre [*p. 38*].

Chaque ministre effectue des propositions qui comprennent la reconduction des dépenses et les dépenses nouvelles.

La reconduction des moyens prévus au budget précédent (exemple : traitement des fonctionnaires, dépenses courantes de la défense nationale, des services de police) : ces sommes représentent plus de 90 % de l'ensemble du budget.

Les dépenses nouvelles correspondent aux actions nouvelles que chaque ministre désire entreprendre dans le cadre de la politique définie.

▬ 2. Le Conseil des ministres approuve le projet de loi de finances.

▬ 3. Le projet de budget est adressé au Parlement, avant le premier mardi d'octobre.

▬ 4. L'Assemblée nationale [*p. 42*] doit se prononcer en première lecture dans les quarante jours ; le Sénat [*p. 44*] dans les vingt jours.

● Qu'est-ce qu'un déficit budgétaire (ou découvert budgétaire) ?

Il y a déficit budgétaire (ou découvert budgétaire) lorsque les dépenses sont supérieures aux recettes.

LE CALENDRIER DU BUDGET DE LA NATION

Janvier (année *n*-1)	**1. Cadrage et perspectives** Analyse détaillée des dépenses ou des recettes effectives par la Direction du budget du ministère des Finances.
Février	
Mars	Définition des grandes orientations de la politique budgétaire pour l'année à venir.
Avril	« Lettre de cadrage » du Premier ministre, adressée à tous les ministres, pour donner les instructions nécessaires à la préparation de leur budget.
Mai	**2. Mise au point définitive du projet de loi de finances**
Juin	Arbitrages rendus par le Premier ministre.
Juillet	Détermination définitive des recettes et des dépenses.
Août	Élaboration détaillée du budget et réalisation des fascicules budgétaires.
Sept.	Présentation au Conseil des ministres.

Oct.	**3. Vote du budget de l'année « *n* ».**
Nov.	Discussion et vote du budget par le Parlement (Assemblée nationale et Sénat).
Déc.	Publication de la loi de finances, au *Journal officiel*.
Année budgé-taire *n*	**4. Exécution du budget** Les opérations figurant dans le budget voté sont exécutées selon des règles précises, dans le cadre de l'année civile. Elles peuvent être modifiées par une loi de finances rectificative appelée « collectif budgétaire ».

Le budget dépasse deux mètres

Le budget et ses annexes, ce sont 159 fascicules budgétaires soit 24 à 25 000 pages, une pile de 2,3 m de haut et un poids de 50 kg.
Il faut 90 tonnes de papier pour assurer l'ensemble de sa diffusion : 280 000 fascicules.
200 personnes travaillent à temps complet à la Direction du budget.

État

Vie politique

Administration

Collectivités locales

Justice

International

L'exécution et le contrôle du budget de l'État

Après son vote par le Parlement et après sa publication au *Journal officiel*, le budget de l'État est mis en application. On perçoit alors les recettes et on engage les dépenses prévues.

● Les conditions d'exécution du budget

Les opérations d'exécution du budget sont divisées en deux phases distinctes, confiées à deux catégories d'agents publics, indépendants l'un de l'autre, les ordonnateurs et les comptables.

■■ *Les ordonnateurs* préparent l'exécution des dépenses ou le recouvrement des recettes. Ils établissent soit un titre de perception pour les recettes, soit une ordonnance ou mandat de paiement pour les dépenses.

■■ *Les comptables* du Trésor public sont chargés de procéder à l'encaissement des recettes et de payer les dépenses de l'État.

À l'échelon départemental, le trésorier payeur général est le comptable principal de l'État. Il paye les dépenses prévues au budget de l'État et dirige les services départementaux du Trésor chargés d'encaisser les principaux impôts.

● L'exécution de la dépense publique

1. L'engagement de la dépense : c'est la décision de procéder à cette dépense.
2. La liquidation : on détermine le montant exact de cette dépense.
3. L'ordonnancement : c'est l'ordre de payer donné par l'ordonnateur.
4. Le paiement : le versement est effectué par le comptable du Trésor.

● Le contrôle de l'exécution du budget

Ce contrôle est effectué à plusieurs niveaux :

■■ *Avant l'exécution* : un contrôleur financier garantit le respect des décisions budgétaires pour éviter, par exemple, toute dépense non autorisée.

■■ *En cours d'exécution* : il est exercé soit par les comptables publics chargés d'appliquer les règles de la comptabilité publique, soit par l'Inspection générale des finances qui vérifie, sur place, la gestion de tous les organismes gérant des fonds de l'État.

■■ *Après l'exécution* : les contrôles sont effectués par la Cour des comptes qui est une juridiction composée de magistrats inamovibles.

● La réforme de la procédure budgétaire

Adoptée en juillet 2001, elle devrait clarifier les procédures et les responsabilités pour obtenir une meilleure évaluation, sur plusieurs années, de l'efficacité des défenses publiques.

RECETTES ET DÉPENSES DU BUDGET ANNÉE 2000

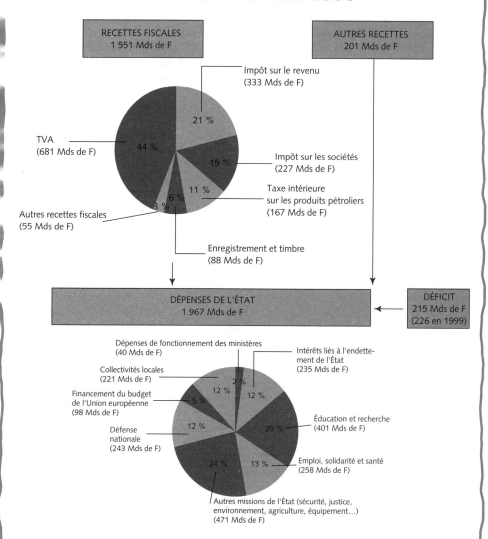

RECETTES FISCALES
1 551 Mds de F

AUTRES RECETTES
201 Mds de F

Impôt sur le revenu
(333 Mds de F)

21 %

TVA
(681 Mds de F)

44 %

Impôt sur les sociétés
(227 Mds de F)

15 %

Taxe intérieure
sur les produits pétroliers
(167 Mds de F)

11 %

6 %

3 %

Autres recettes fiscales
(55 Mds de F)

Enregistrement et timbre
(88 Mds de F)

DÉPENSES DE L'ÉTAT
1 967 Mds de F

DÉFICIT
215 Mds de F
(226 en 1999)

Dépenses de fonctionnement des ministères
(40 Mds de F)

Collectivités locales
(221 Mds de F)

Financement du budget
de l'Union européenne
(98 Mds de F)

Défense
nationale
(243 Mds de F)

Intérêts liés à l'endette-
ment de l'État
(235 Mds de F)

2 %

12 %

12 %

5 %

12 %

20 %

Éducation et recherche
(401 Mds de F)

24 %

13 %

Emploi, solidarité et santé
(258 Mds de F)

Autres missions de l'État (sécurité, justice,
environnement, agriculture, équipement...)
(471 Mds de F)

La disparition du franc

Le franc n'existe plus depuis le 17 février 2002. Il est remplacé par l'euro (€). Un euro vaut 6,55957 francs. Les pièces et billets en francs peuvent encore être échangés auprès de la Banque de France. Le franc CFA (Communauté financière africaine) est toujours utilisé dans les huit États membres de l'UEMOA (Union économique et monétaire ouest-africaine) et dans les six États membres de la CEMAC (Communauté économique et monétaire d'Afrique centrale). La parité ne change pas : un euro vaut 655,957 FCFA.

État

Vie politique

Administration

Collectivités locales

Justice

International

L'Administration

Tout pouvoir politique dispose d'une structure administrative pour mettre en application ses décisions et satisfaire des besoins collectifs sous forme de service ou d'entreprise publique. L'État assure l'égal accès de chaque citoyen aux services publics.

● Les administrations de l'État

Placées sous l'autorité du Premier ministre et de chacun des ministres, elles se composent d'administrations centrales et de services déconcentrés répartis sur tout le territoire.

■■■ *Au niveau central : les administrations centrales*

Leur sont confiées les missions qui présentent un caractère national.

Le Premier ministre [*p. 38*] possède un Secrétariat général du gouvernement qui coordonne l'ensemble de l'activité des différents ministères.

Chaque ministre dispose de l'ensemble de son ministère qui est composé d'une administration centrale à Paris et d'administrations locales, réparties sur tout le territoire, appelées services déconcentrés.

■■■ *Au niveau local : l'administration territoriale*

Les services déconcentrés des administrations de l'État sont chargés de la mise en application des lois et règlements de chaque ministère, sur l'ensemble du territoire national. Elles assurent les relations entre l'État et les collectivités territoriales.

● Les administrations des collectivités territoriales

Chaque collectivité territoriale dispose de services administratifs autonomes pour mettre en application les décisions prises par les élus.

Le conseil régional [*p. 82*] possède les services administratifs de la région.

Le conseil général [*p. 88*] possède les services administratifs du département.

Le conseil municipal [*p. 96*] possède les services municipaux.

● Les moyens de l'administration

Toute administration dispose de moyens juridiques, budgétaires, matériels et humains.

■■■ *Juridiques.* Elle fixe les modalités de mise en application des lois et règlements [*p. 50*].

Ex. : arrêté municipal pour réglementer la circulation.

■■■ *Budgétaires.* Elle donne les ordres nécessaires pour exécuter un budget.

Ex. : passation d'un marché pour l'équipement de bureau.

■■■ *Matériels.* Elle utilise des locaux et du matériel.

Ex. : les services municipaux sont installés dans une mairie.

■■■ *Humains.* Elle gère le corps des fonctionnaires mis à sa disposition.

Ex. : les élus locaux disposent des agents de la fonction publique territoriale (secrétaires de mairie, agents d'entretien…).

LA FONCTION PUBLIQUE

◾ Les trois grandes fonctions publiques

Un statut général commun (loi du 13 juillet 1983) fixe les droits et les obligations des fonctionnaires, tout en préservant les spécificités de chaque secteur.

Un fonctionnaire occupe un emploi permanent dans :
– la fonction publique d'État (administrations centrales et services déconcentrés : 2 520 000 agents) ;
– la fonction territoriale (emplois dans les régions, les conseils généraux et les communes : 1 500 000 agents) ;
– la fonction hospitalière (établissements publics d'hospitalisation, de retraite... : 850 000 agents).

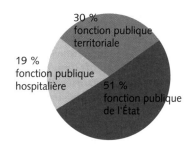

30 %
fonction publique territoriale

19 %
fonction publique hospitalière

51 %
fonction publique de l'État

◾ La carrière

Les fonctionnaires sont répartis en trois catégories hiérarchiques selon leur niveau de recrutement.
Ils appartiennent à des corps qui comprennent plusieurs grades.
Chaque grade comporte plusieurs échelons.
L'accès à un échelon ou un emploi hiérarchique plus élevé s'effectue à l'ancienneté, au choix (mérite) ou sur épreuves.

◾ Les différents concours

Les fonctionnaires sont recrutés selon différents types de concours :
• concours internes et externes :
– externes : ouverts à tous, sous certaines conditions de diplôme ;
– internes : réservés aux agents déjà en activité dans l'Administration justifiant des conditions d'ancienneté ;
• concours sur épreuves et concours sur titres ;
• concours nationaux et concours déconcentrés ;
• concours ministériels et concours interministériels.

◾ Le saviez-vous ?

Les concours de recrutement s'effectuent toute l'année. Le *Journal officiel* publie, en janvier, un calendrier prévisionnel des concours de l'année.

Catégorie	Niveau recrutement	Tâches effectuées	Exemple
A (41 %)	enseignement supérieur	direction encadrement	administrateurs civils, professeurs, ingénieurs
B (27 %)	baccalauréat	application rédaction	secrétaires, techniciens
C (32 %)	brevet des collèges BEP, CAP, sans diplôme	exécution	agents administratifs et des services techniques, ouvriers professionnels

État

Vie politique

Administration

Collectivités locales

Justice

International

L'administration centrale

On retrouve sur tout le territoire français différents services administratifs (impôts, enseignement, police…). Ces services sont centralisés, organisés et coordonnés par une administration centrale. L'administration obéit au principe hiérarchique.

● **Le Premier ministre [*p. 38*], chef de l'Administration**

Il est le chef de l'Administration. Il définit, en fonction des choix politiques prioritaires, le nombre, la désignation et le rôle de chaque ministère.

● **Le ministre [*p. 40*], responsable d'un domaine d'intervention**

▬ Chaque ministre est responsable de la mise en application des décisions du gouvernement dans le domaine qui lui est réservé.

Il organise l'ensemble des services de son ministère, qui comprend un cabinet et des directions spécialisées.

▬ Le cabinet est composé de conseillers et de collaborateurs directs du ministre. La durée de leur mission est liée à celle du ministre.

Le cabinet étudie et prépare toutes les décisions gouvernementales et administratives.

▬ Plusieurs directions spécialisées, constituées de services très hiérarchisés traitent toutes les questions courantes relatives à leur domaine.

▬ Il a un rôle administratif important :

– il dispose d'un pouvoir réglementaire ; pour la mise en application des lois et décrets [*p. 50*] il prend des arrêtés, et il élabore des circulaires pour réglementer le fonctionnement de ses services ;

– il est chargé de la gestion courante des différents services et de l'exécution du budget de son département ministériel ;

– il est chargé de la gestion du personnel dépendant de son ministère.

● **Le ministre de l'Intérieur**

Le ministre de l'Intérieur est chargé :

– de l'administration générale du territoire ; il exerce son action sur l'ensemble du pays par l'intermédiaire des préfets ;

– des collectivités locales : le ministre de l'Intérieur élabore les textes qui permettent la réalisation d'un minimum d'unité dans les réglementations locales.

Il est garant de la régularité des élections sur tout le territoire, et il assure la gestion du corps des préfets et du personnel des préfectures.

● **L'Inspection générale de l'Administration**

À la demande d'un ministre, elle effectue des missions de contrôle sur tous les services centraux et les services déconcentrés sur le territoire.

L'ADMINISTRATION CENTRALE DE L'ÉDUCATION NATIONALE

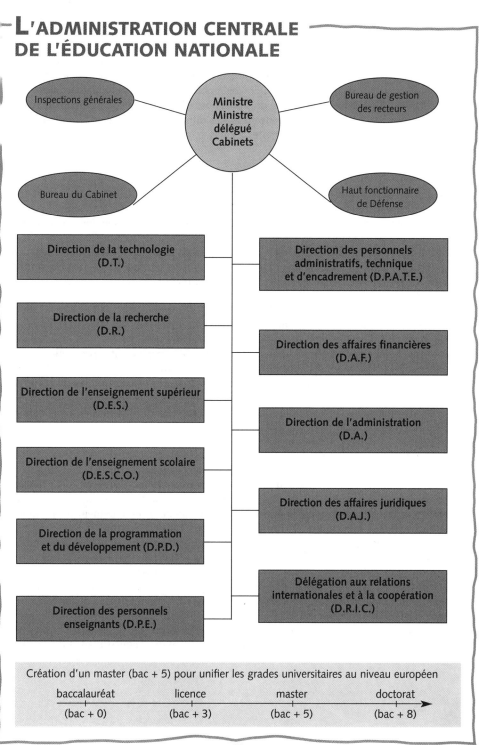

Inspections générales

Ministre
Ministre délégué
Cabinets

Bureau de gestion des recteurs

Bureau du Cabinet

Haut fonctionnaire de Défense

Direction de la technologie (D.T.)

Direction des personnels administratifs, technique et d'encadrement (D.P.A.T.E.)

Direction de la recherche (D.R.)

Direction des affaires financières (D.A.F.)

Direction de l'enseignement supérieur (D.E.S.)

Direction de l'administration (D.A.)

Direction de l'enseignement scolaire (D.E.S.C.O.)

Direction des affaires juridiques (D.A.J.)

Direction de la programmation et du développement (D.P.D.)

Délégation aux relations internationales et à la coopération (D.R.I.C.)

Direction des personnels enseignants (D.P.E.)

Création d'un master (bac + 5) pour unifier les grades universitaires au niveau européen

baccalauréat	licence	master	doctorat
(bac + 0)	(bac + 3)	(bac + 5)	(bac + 8)

État

Vie politique

Administration

Collectivités locales

Justice

International

L'administration territoriale

L'administration territoriale couvre l'ensemble du pays. Elle doit agir de manière à résoudre les problèmes spécifiques à chaque région, tout en restant le plus près possible des administrés. On distingue les services déconcentrés des différents ministères et les administrations des collectivités locales.

● **Les services et les administrations**

L'administration territoriale est assurée par :
– les services déconcentrés des différents ministères, qui sont dirigés, sous l'autorité des ministres concernés, par le préfet ; ces services sont organisés en circonscriptions régionale, départementale et d'arrondissement ;
– les administrations des collectivités locales (région, département et commune) ; les collectivités locales possèdent un pouvoir de décision qui leur permet de disposer d'une liberté d'administration dans le cadre des lois de l'État.

● **Le rôle du préfet de département**

Le préfet de département, nommé en Conseil des ministres, est le représentant de l'État dans chaque département. Il a son siège à la préfecture.
Placé sous l'autorité du Premier ministre, le préfet de département représente chacun des ministres et dirige les services de l'État dans le département.
Il a la charge des intérêts nationaux, du respect des lois, de l'ordre public et du contrôle administratif.
Il assure le contrôle de la légalité des actes du conseil général, et des communes, après leur exécution.

● **Le rôle du préfet de région**

Le préfet de région est le représentant de l'État dans chaque région. Il a son siège à la préfecture où se trouve le chef-lieu de région. Ses attributions, au niveau de la région, sont comparables à celles des préfets. Il exerce un pouvoir sur les préfets de département, dans la mise en œuvre des politiques nationales de développement économique et social, et l'aménagement du territoire.
Il anime et coordonne les politiques de l'État en matière culturelle et d'aménagement du territoire.

● **Le rôle du sous-préfet**

Il assure la coordination des services déconcentrés de l'État au niveau de l'arrondissement : agriculture, équipement…
Il est responsable de la sécurité et du maintien de l'ordre dans son arrondissement (forces de police, protection civile, service d'incendie et de secours, plan ORSEC…).

LES DIVISIONS ADMINISTRATIVES FRANÇAISES

▪ Le territoire national

Population : 60,4 millions
(y compris outre-mer)
soit 16 % de la population
européenne

Le territoire national comprend la France métropolitaine (continentale et Corse), 4 départements d'outre-mer (p. 104) et 4 territoires d'outre-mer (p. 106).

▪ La région

La région
Alsace

Collectivité locale qui regroupe plusieurs départements. La France compte 25 régions (dont 4 en outre-mer) et 1 collectivité territoriale à statut particulier (la Corse).

▪ Le département

2 départements
en Alsace :
le Bas-Rhin (67)
le Haut-Rhin (68)

Division administrative du territoire français. La France compte 100 départements dont 4 en outre-mer.

▪ L'arrondissement

Le département
du Bas-Rhin
se compose de
7 arrondissements.

Division territoriale qui regroupe plusieurs cantons.
La France compte 339 arrondissements dont 12 en outre-mer.

▪ Le canton

L'arrondissement
de Haguenau,
du département
du Bas-Rhin,
se divise en
3 cantons.

Division territoriale de l'arrondissement. On trouve en général au chef-lieu de canton une gendarmerie et une perception. La France compte 3 839 cantons dont 124 en outre-mer.
(Le canton correspond parfois à une seule commune.)

▪ La commune

Le canton Bischwiller,
situé dans
l'arrondissement de
Haguenau, rassemble
21 communes.

Unité de base de la division du territoire. La France compte 36 763 communes dont 183 dans les départements et les territoires d'outre-mer (80 % d'entre elles ont moins de 1 000 habitants).

État

Vie politique

Administration

Collectivités locales

Justice

International

Le ministère de l'Intérieur et la police nationale

Sous l'autorité du ministère de l'Intérieur, la police nationale et la sécurité civile contribuent à la sécurité des citoyens et des biens, à la surveillance du territoire et des frontières.

● Le rôle du ministère de l'Intérieur

■ Chargé de la sécurité de l'État et de celle des citoyens, le ministère de l'Intérieur doit maintenir l'ordre républicain et protéger les personnes [*p. 10*] et les biens.

■ La protection de la vie et des biens est de la compétence de la Direction de la sécurité civile dont la mission est double : la prévention et l'organisation des secours (plan ORSEC par exemple).

■ La police nationale a compétence dans les villes chefs-lieux de département et dans les communes urbaines remplissant les conditions de densité et de continuité de l'urbanisation.

● Les fonctionnaires de police des services actifs

■ Comme tous les fonctionnaires [*p. 65*], ils sont recrutés par concours. Puis, ils sont nommés dans l'un des services relevant de l'une des directions de la police nationale, soit à Paris, dans les services centraux [*p. 66*] ou à la préfecture de police, soit dans un service de province.

■ *Les commissaires de police* : ils constituent le corps de commandement de la police. Ils assument d'importantes responsabilités dans les différents services de police (sécurité publique, police judiciaire, renseignements généraux, surveillance du territoire).

■ *Les inspecteurs de police* : l'inspecteur de police, placé sous l'autorité du commissaire qu'il seconde, est particulièrement chargé d'enquêtes judiciaires et de missions d'information et de surveillance dans les différents services de police.

■ *Les officiers de paix* : l'officier de paix exerce le commandement du corps des gradés et gardiens de la paix des services de police en tenue (corps urbains, préfecture de police et CRS).

■ *Les gardiens de la paix* : ils assurent la protection des personnes et des biens. Ils constatent les infractions aux lois et règlements et veillent au maintien de l'ordre public. Ils peuvent être promus brigadiers et brigadiers-chefs.

● Les fonctionnaires de police des services administratifs

Pour effectuer toutes les tâches administratives, le ministère recrute des secrétaires administratifs, des commis et des agents de bureau.

─ L'ORGANISATION ─────────
DE LA POLICE NATIONALE

Sous l'autorité de la Direction générale de la police nationale, les fonctionnaires de police sont répartis dans les neuf directions et services actifs.

Inspection générale de la police nationale (IGPN appelée « Police des Polices »)	Contrôle les services de police, enquête sur les personnels, étudie le bon fonctionnement des services.
Direction centrale de la sécurité publique (DCSP)	Police nationale. Assure le bon ordre, la sécurité des personnes et des biens, la tranquillité publique (exemples : 17, police-secours ; GIPN, groupes d'intervention de la police nationale).
Direction centrale de la police judiciaire (PJ)	Lutte contre les activités criminelles (crimes, trafic de stupéfiants, d'armes, banditisme, vols, escroqueries…).
Direction centrale des renseignements généraux (RG)	Recherche et centralise des renseignements nécessaires à l'information du gouvernement.
Service central des compagnies républicaines de sécurité (CRS)	Unités mobiles formant la réserve de la police nationale. Maintient l'ordre public, surveille les voies de communication (aérodromes, ports), lutte pour la prévention de la délinquance.
Direction centrale de la police aux frontières (DCPAF)	Veille au respect de la réglementation communautaire et française, lutte contre l'immigration irrégulière et le travail clandestin.
Service de protection des hautes personnalités (SPHP)	Organise les déplacements des hautes personnalités officielles françaises ou étrangères et les déplacements présidentiels.
Direction de la surveillance du territoire (DST)	Lutte contre les activités de nature à nuire à la sécurité ou aux intérêts de la nation.
Service de la coopération technique internationale de la police (SCTIP)	Mène une action de coopération avec les États partenaires, activités de conseils, de formation.

État

Vie politique

Administration

Collectivités locales

Justice

International

La défense nationale

La défense a pour objet d'assurer en tout temps, en toutes circonstances et contre toutes les formes d'agression, la sécurité et l'intégrité du territoire ainsi que la protection de la population. Elle doit demeurer flexible pour s'adapter à tous les types de menaces. Elle doit pouvoir assurer la continuité de la vie économique.

● Les responsables de la politique de défense

▬ *Le président de la République [p. 36]*
Il est garant de l'indépendance nationale, de l'intégrité du territoire et du respect des traités. Il est le chef des armées. Il est le seul à pouvoir donner l'ordre d'engager les forces nucléaires. Les grandes décisions en matière de défense sont prises par les différents conseils qu'il préside (Conseil de défense, Comité de défense restreint, Conseil des ministres).

▬ *Le Parlement*
Il fixe, par des lois, l'organisation et les moyens de la défense. Il se prononce régulièrement sur les grandes orientations de la politique militaire de la France (lois de programmation militaire décidant de l'équipement des armées sur plusieurs années, par exemple).

▬ *Le gouvernement*
Il assure la mise en œuvre des mesures décidées lors des conseils et des comités de défense présidés par le président de la République.
• Le Premier ministre [p. 38] : il est responsable de la défense nationale et coordonne l'activité en matière de défense des différents ministères.
• Le ministre de la Défense : il exécute la politique militaire. Assisté des chefs d'état-major, il a autorité sur l'ensemble des forces et services des armées.

● L'organisation permanente des armées
L'état-major des armées : le chef d'état-major des armées, conseiller militaire du gouvernement, assiste le ministre de la Défense. Il veille à l'emploi et à l'organisation générale des forces militaires.
L'état-major de chaque armée est responsable de la préparation des forces armées.

● L'organisation territoriale de la Défense
▬ Le territoire métropolitain est découpé en trois régions militaires de défense (RMD) identiques pour l'armée de terre, de l'air et la gendarmerie : Atlantique, Nord-Est, Méditerranée. Ces régions militaires de défense sont elles-mêmes subdivisées en huit circonscriptions militaires de défense (CMD) et un commandement militaire de l'Ile-de-France.
▬ Le territoire est découpé en deux régions maritimes : région Atlantique (dont le commandement est à Brest), région Méditerranée (dont le commandement est à Toulon). Les départements et territoires d'outre-mer constituent cinq zones de défense : Antilles, Guyane, Sud de l'océan Indien, Polynésie et Nouvelle-Calédonie.
▬ Dans chaque circonscription militaire de défense, un préfet de zone de défense est chargé d'assurer la défense civile et économique.

ORGANISATION TERRITORIALE DE LA DÉFENSE

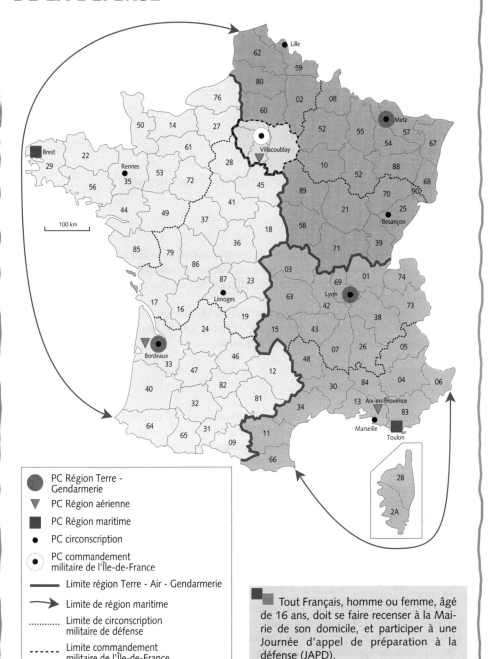

PC Région Terre - Gendarmerie

▼ PC Région aérienne

■ PC Région maritime

• PC circonscription

⊙ PC commandement militaire de l'Île-de-France

— Limite région Terre - Air - Gendarmerie

→ Limite de région maritime

········· Limite de circonscription militaire de défense

----- Limite commandement militaire de l'Île-de-France

Tout Français, homme ou femme, âgé de 16 ans, doit se faire recenser à la Mairie de son domicile, et participer à une Journée d'appel de préparation à la défense (JAPD).

État

Vie politique

Administration

Collectivités locales

Justice

International

Les Forces armées françaises

L'effectif des Forces armées françaises (terre, air, marine, gendarmerie) est de 440 000 civils et militaires. La professionnalisation a modifié les rapports avec la Nation.

● Armée de terre

Effectif : 219 500, dont 32 700 civils.
Organisation :
– corps blindé mécanisé ;
– force d'action rapide, force militaire terrestre, forces outre-mer.

● Armée de l'air

Effectif : 70 000, dont 5 600 civils.
Organisation :
– les forces aériennes stratégiques (FAS) constituent, avec le Mirage 2000 et les missiles ASMP (air-sol moyenne portée), la force nucléaire stratégique ;
– la défense aérienne chargée de la surveillance de l'espace aérien dispose d'intercepteurs Mirage 2000 et Mirage F1 ;
– la force aérienne de combat (FAC) est équipée de Mirage 2000 et Jaguar ;
– le transport aérien militaire dispose de Transall, DC 8, Hercules, Mystère 20 et des hélicoptères Alouette, Puma, Écureuil et Fennec.

● Marine nationale

Effectif : 62 600, dont 900 civils.
Organisation :
– force sous-marine : 4 sous-marins nucléaires lanceurs d'engins ;
– forces d'action navale : 1 porte-avions, 91 bâtiments et forces d'escorte ;
– groupes d'action sous-marine : 12 sous-marins ;
– aviation navale : 168 moyens aériens de combat dont 64 hélicoptères.

● Gendarmerie

Effectif : 99 000 hommes et femmes.
La gendarmerie veille à la sûreté publique, au maintien de l'ordre et à l'exécution des lois. En temps de crise, elle participe à la Défense opérationnelle du territoire (DOT).
Il existe plusieurs subdivisions :
– la gendarmerie départementale, implantée sur tout le territoire (villes incluses) avec 3 600 brigades et unités spécialisées, est chargée de la sécurité publique et des enquêtes judiciaires ;
– la gendarmerie mobile avec 128 escadrons, dont le GSIGN (Groupement de sécurité et d'intervention de la gendarmerie nationale), constitue une réserve à la disposition du gouvernement pour le maintien de l'ordre ;
– les formations spécialisées : la garde républicaine ; la gendarmerie maritime, des transports aériens, de l'armement.

Les grades et les insignes

Armée de terre

Chez les officiers, aspirants, majors, adjudants-chefs et adjudants, les insignes de grade apparaissent sur le képi et les épaules.
Chez les autres sous-officiers et les militaires du rang, les images de grade apparaissent sur les manches.
Ce sont : des broderies d'or, des étoiles d'argent ou d'or, et suivant les armes des galons et des soutaches de métal or ou argent et des galons de laine de diverses couleurs.

Officiers généraux
Général d'armée – Général de corps d'armée – Général de division – Général de brigade

Officiers supérieurs
Colonel – Lieutenant-colonel – Chef de bataillon ou d'escadron(s)

Officiers subalternes
Capitaine – Lieutenant – Sous-lieutenant – Aspirant

Sous-officiers
Major – Adjudant chef – Adjudant

Sergent chef ou maréchal des logis chef – Sergent ou maréchal des logis (ADL, PDL)

Militaires du rang
Caporal chef ou brigadier chef – Caporal ou brigadier – Première classe

Armée de l'air

Les insignes de grade apparaissent sur la casquette et sur les manches.
Ce sont :
des broderies d'or,
des étoiles d'argent ou d'or,
des galons de métal or ou argent
et des galons de laine orange.

Officiers généraux
Général d'armée aérienne – Général de corps aérien – Général de division aérienne – Général de brigade aérienne

Officiers supérieurs
Colonel – Lieutenant-colonel – Commandant

Officiers subalternes
Capitaine – Lieutenant – Sous-lieutenant – Aspirant

Sous-officiers
Major – Adjudant chef – Adjudant

Sergent chef – Sergent ADL – Sergent PDL

Militaires du rang
Caporal chef – Caporal – Première classe

Marine nationale

Les insignes de grade apparaissent sur la casquette et sur les manches.
Ce sont :
des broderies d'or,
des étoiles d'argent ou d'or,
des galons de métal or ou argent
et des galons de laine rouge.

Officiers généraux
Amiral – Vice amiral d'escadre – Vice amiral – Contre amiral

Officiers supérieurs
Capitaine de vaisseau – Capitaine de frégate – Capitaine de corvette

Officiers subalternes
Lieutenant de vaisseau – Enseigne de vaisseau de 1ère classe – Enseigne de vaisseau de 2e classe – Aspirant

Officiers mariniers
Major – Maître principal – Premier maître – Maître

Second maître ADL – Second maître PDL

Quartiers-maîtres et matelots
Quartier maître de 1ère classe – Quartier maître de 2e classe – Matelot breveté

Gendarmerie nationale

Pour les officiers, majors, adjudants-chefs et adjudants, les insignes de grade apparaissent sur le képi et les épaules.
Pour les maréchaux des logis-chefs et gendarmes sur les manches seulement.
Pour les gendarmes auxiliaires sur les épaules.

Officiers généraux
Général de corps d'armée – Général de division – Général de brigade

Officiers supérieurs
Colonel – Lieutenant-colonel – Chef d'escadron

Officiers subalternes
Capitaine – Lieutenant – Sous-lieutenant

Sous-officiers
Major – Adjudant chef – Adjudant

Maréchal des logis chef – Gendarme

Gendarmes auxiliaires
Maréchal des logis – Brigadier chef – Brigadier – 1ère classe

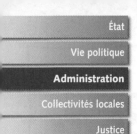

État

Vie politique

Administration

Collectivités locales

Justice

International

Le ministère de l'Éducation nationale

Le ministère met en place la politique éducative du gouvernement, définit les objectifs pédagogiques, élabore les programmes et les diplômes, assure le recrutement et la formation des personnels.

Le système éducatif français (France métropolitaine)

	Qui décide la construction ? Qui finance ?	Qui dirige l'établissement ?	Quelles sont les instances de gestion et de concertation ?	Les personnels	Qui décide des ouvertures ? Des fermetures ?
ENSEIGNEMENT SUPÉRIEUR : 2 094 800 étudiants					
UNIVERSITÉS 89 universités 75 % des étudiants	Ministère : ex. de financement : 75 % État, 25 % collectivités locales	Président d'université élu par le conseil de l'université	Conseils d'université	81 800 enseignants dont 17 700 professeurs d'université 31 000 maîtres de conférence	Pour diplôme national : le ministère ; diplôme d'université : le conseil d'université
Institut universitaire de technologie (IUT) 101 IUT Institut universitaire de formation des maîtres IUFM		Directeur élu par le conseil d'administration	Conseil d'administration		Diplôme national : le ministère
SECOND DEGRÉ : 5 260 000 élèves (public et privé)					
LYCÉES 4 275 établissements	Région	Proviseur nommé par le ministre	Conseil d'administration comprenant - le personnel de direction et des personnalités - les élus des personnels, des parents d'élèves et des élèves • organe délibératif et consultatif	460 800 professeurs • agrégés • certifiés • de lycées professionnels	La région détermine les besoins en établissant un schéma prévisionnel des formations et le plan régional de développement de la formation professionnelle des jeunes (PRDF)
COLLÈGES 6 739 établissements	Département	Principal nommé par le ministre			
PREMIER DEGRÉ : 6 301 300 élèves (public et privé)					
ÉCOLES 57 968 dont 18 558 écoles maternelles	Commune après avis de l'inspecteur d'académie	Directeur nommé par l'inspecteur d'académie	Conseil d'école comprenant les enseignants, les représentants de la commune et des parents • organe consultatif	345 600 instituteurs et professeurs des écoles	Commune et inspection académique

La hiérarchie dans l'éducation nationale

▪ Niveau national : le ministre
• Nommé par le président de la République.
• Responsable de la mise en œuvre de la politique nationale en matière d'éducation.
• Il dispose d'une administration centrale (4 300 agents) et d'une Inspection générale : 220 inspecteurs généraux assument une mission d'évaluation du système éducatif.

▪ Niveau académique : le recteur
26 académies en métropole et 4 en outre-mer (Guadeloupe, Guyane, Martinique et Réunion).
• Nommé par décret pris en Conseil des ministres.
• Responsable de l'exécution des décisions du ministre, de l'école maternelle jusqu'à l'enseignement supérieur.
• Il dispose du personnel des services du Rectorat. Il est assisté de conseillers techniques et d'un corps d'inspection qui exercent des missions d'évaluation et d'animation dans les lycées, les collèges et les écoles.

▪ Niveau départemental : l'inspecteur d'académie
Directeur des services départementaux de l'Éducation nationale (IA-DSDEN)
• Nommé par le président de la République.
• Responsable des services et des établissements du département.

▪ Niveau local : le chef d'établissement
(proviseur de lycée ou principal de collège)
• Nommé par le ministre.
• Responsable de l'organisation et du fonctionnement de l'établissement.
• Il a sous ses ordres : un proviseur adjoint (principal adjoint en collège), des conseillers principaux d'éducation, des enseignants et du personnel administratif et de service.

État

Vie politique

Administration

Collectivités locales

Justice

International

Le médiateur

Le médiateur s'efforce de régler les situations individuelles nées du fonctionnement défectueux d'un service public. L'institution a été créée en 1973. Le médiateur dispose d'un pouvoir de recommandation et d'un pouvoir d'injonction.

● Qui est le médiateur ?

Il est à la tête d'une administration qui comprend des rédacteurs, des assistants, des conseillers techniques et des correspondants dans les départements qui informent le public (ils tiennent leur permanence à la préfecture).

Le médiateur est nommé pour six ans par décret pris en Conseil des ministres [*p. 40*]. Son mandat n'est pas renouvelable.

Il ne peut être mis fin à ses fonctions avant l'expiration de ce délai qu'en cas d'empêchement constaté.

Le médiateur est une personnalité indépendante, irrévocable, qui ne reçoit d'instruction d'aucune autorité.

Il siège au 53, avenue d'Iéna 75116 Paris.

Depuis avril 1998, le médiateur de la République est Monsieur Bernard Stasi.

● Quel est son rôle ?

Son rôle consiste à démêler des affaires administratives compliquées, des litiges entre un particulier et une administration de l'État, une collectivité territoriale, un établissement public. L'organisme mis en cause doit être français. Il nomme des délégués départementaux afin de rendre l'institution accessible aux administrés.

● De quel pouvoir dispose-t-il ?

■ *Le pouvoir de recommandation.* Lorsqu'une réclamation lui paraît justifiée, le médiateur fait, à l'administration [*p. 64*] concernée, toutes les recommandations qui lui paraissent de nature à régler les difficultés et toutes les propositions tendant à améliorer son fonctionnement. La publication des recommandations au *Journal officiel* reste le moyen de persuasion ultime.

■ *Le pouvoir d'injonction.* En cas d'inexécution d'une décision de justice [*p. 108*], le médiateur peut enjoindre (c'est-à-dire inviter) l'organisme mis en cause à s'y conformer dans un délai qu'il fixe. Si cette injonction n'est pas suivie d'effet, elle fera l'objet d'un rapport spécial qui sera publié au *Journal officiel*. Cette « menace » de publication suffit le plus souvent à débloquer certaines situations complexes.

■ Comment faire appel au médiateur ?

Toute personne et, depuis 1992, les personnes morales peuvent introduire une demande si elles s'estiment lésées par un service public, mais la requête doit obligatoirement être transmise au médiateur par l'intermédiaire d'un député ou d'un sénateur. Il sera parfois préférable de s'adresser d'abord au délégué départemental du médiateur (contacter la préfecture du département). Le recours est gratuit.

Un parlementaire peut, de sa propre initiative, saisir le médiateur d'une question de sa compétence qui lui paraît mériter son intervention.

Sur la demande d'une des six commissions permanentes de son assemblée, le président de l'Assemblée nationale ou du Sénat peut également transmettre au médiateur toute pétition dont son assemblée a été saisie.

■ Exemple d'intervention

Le médiateur de la République obtient de la direction de l'Équipement une indemnité substantielle en dédommagement d'un préjudice commercial subi par un hôtelier restaurateur. La fréquentation de son établissement avait eu à souffrir de la construction d'une autoroute, interdisant l'accès à partir de la nouvelle voie.

■ Le nombre d'interventions

Les services du médiateur ont examiné en 1999 environ 51 000 dossiers.

60 % en cours d'instruction

40 % réglés

51 000 dossiers

Chaque année, le médiateur présente au président de la République et au Parlement un rapport dans lequel il établit le bilan de son activité. Ce rapport est publié par l'Imprimerie nationale (Service diffusion BP 154, 59505 Douai Cedex).

■ Une médiation de proximité !

Le délégué départemental du médiateur représente le médiateur de la République dans le département. Il instruit et règle les affaires relevant du niveau local.

■ Quand tout a échoué, consultez le site www.mediateur-de-la-republique.fr
Très riche, le site du médiateur de la République donne des explications sur l'institution, son rôle, des statistiques sur les cas traités et la procédure à suivre.

État

Vie politique

Administration

Collectivités locales

Justice

International

La région

Depuis la loi de décentralisation du 2 mars 1982, la région est érigée en collectivité territoriale de plein exercice, gérée par un conseil régional. Assemblée représentative de la population régionale, sa légitimité se fonde sur son mode d'élection, au suffrage universel direct.

● Une collectivité territoriale

La région est une collectivité territoriale, au même titre que les départements et les communes, constituée par un ensemble de départements [*p. 86*] regroupés en fonction de leur appartenance à des intérêts économiques et culturels.

La France est divisée en 26 régions : 22 régions métropolitaines et 4 régions d'outre-mer : Guadeloupe, Guyane, Martinique, Réunion.

● Les 26 régions

Chaque région est gérée par des conseillers régionaux dont l'effectif varie en fonction de la population.

Les 26 régions et la répartition des sièges entre les départements

Alsace 47
Bas-Rhin (27)
Haut-Rhin (20)

Aquitaine 85
Dordogne (12)
Gironde (36)
Landes (10)
Lot-et-Garonne (10)
Pyrénées-Atlantiques (17)

Auvergne 47
Allier (13)
Cantal (6)
Haute-Loire (8)
Puy-de-Dôme (20)

Bourgogne 57
Côte-d'Or (17)
Nièvre (9)
Saône-et-Loire (19)
Yonne (12)

Bretagne 83
Côtes-d'Armor (16)
Finistère (25)
Ille-et-Vilaine (24)
Morbihan (18)

Centre 77
Cher (11)
Eure-et-Loir (13)
Indre (8)
Indre-et-Loire (17)
Loir-et-Cher (10)
Loiret (18)

Champagne-Ardenne 49
Ardennes (11)
Aube (11)
Marne (19)
Haute-Marne (8)

Corse 51
Corse-du-Sud (28)
Haute-Corse (33)

Franche-Comté 43
Territ. de Belfort (6)
Doubs (18)
Jura (10)
Haute-Saône (9)

Guadeloupe 41

Guyane 31

Ile-de-France 209
Essonne (21)

Hauts-de-Seine (27)
Ville de Paris (42)
Seine-et-Marne (21)
Seine-St-Denis (27)
Val-de-Marne (24)
Val-d'Oise (21)
Yvelines (26)

Languedoc-Rous. 67
Aude (10)
Gard (18)
Hérault (24)
Lozère (3)
Pyrénées-Orient. (12)

Limousin 43
Corrèze (14)
Creuse (8)
Haute-Vienne (21)

Lorraine 73
Meurthe-et-Mos. (22)
Meuse (7)
Moselle (31)
Vosges (13)

Martinique (41)

Midi-Pyrénées 91
Ariège (6)
Aveyron (10)

Haute-Garonne (32)
Gers (7)
Lot (6)
Hautes-Pyrénées (9)
Tarn (13)
Tarn-et-Garonne (8)

Basse-Normandie 47
Calvados (21)
Manche (16)
Orne (10)

Haute-Normandie 55
Eure (17)
Seine-Maritime (38)

Nord-Pas-de-Calais 113
Nord (72)
Pas-de-Calais (41)

Pays-de-la-Loire 93
Loire-Atlantique (31)
Maine-et-Loire (21)
Mayenne (9)
Sarthe (16)
Vendée (16)

Picardie 57
Aisne (17)

Oise (23)
Somme (17)

Poitou-Charentes 55
Charente (12)
Charente-Marit. (18)
Deux-Sèvres (12)
Vienne (13)

Provence-Alpes-Côte-d'Azur 123
Alpes-de-Haute Provence (5)
Hautes-Alpes (4)
Alpes-Maritimes (28)
Bouche-du-Rh. (49)
Var (23)
Vaucluse (14)

Réunion (45)

Rhône-Alpes 157
Ain (14)
Ardèche (9)
Drôme (12)
Isère (29)
Loire (22)
Rhône (43)
Savoie (11)
Haute-Savoie (17)

LA DIVISION DE LA FRANCE EN RÉGIONS

NORD-PAS-DE-CALAIS • Lille

HAUTE-NORMANDIE

PICARDIE • Amiens

Caen • BASSE-NORMANDIE
Rouen •

Châlons • Metz • LORRAINE
Strasbourg •

PARIS-ÎLE-DE-FRANCE

CHAMPAGNE-ARDENNE

ALSACE

BRETAGNE
Rennes •

PAYS-DE-LA-LOIRE

Orléans •
CENTRE

Dijon •
BOURGOGNE Besançon • FRANCHE-COMTÉ

Nantes •

Poitiers •

POITOU-CHARENTES Limoges •
LIMOUSIN

Clermont-Ferrand •
AUVERGNE

Lyon •
RHÔNE-ALPES

Bordeaux •
AQUITAINE

MIDI-PYRÉNÉES
Toulouse •

Montpellier •

PROVENCE-ALPES-CÔTE-D'AZUR
Marseille •

LANGUEDOC-ROUSSILLON

CORSE
Ajaccio

100 km

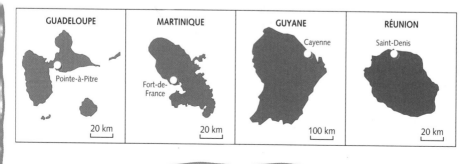

| GUADELOUPE | MARTINIQUE | GUYANE | RÉUNION |

Pointe-à-Pitre
Fort-de-France
Cayenne
Saint-Denis

20 km
20 km
100 km
20 km

État

Vie politique

Administration

Collectivités locales

Justice

International

L'organisation d'un conseil régional

Le conseil régional administre la région. Il « règle par ses délibérations les affaires de la région ». À sa tête, le président dirige les débats du conseil régional, il est aussi l'exécutif de la région.

Une collectivité territoriale

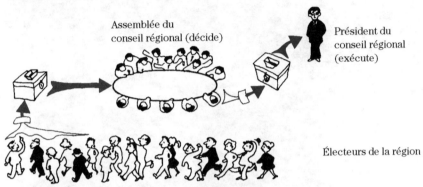

Assemblée du conseil régional (décide)

Président du conseil régional (exécute)

Électeurs de la région

Le conseil régional : le pouvoir délibératif

Les conseillers régionaux sont élus, dans chaque département, au scrutin de liste à 2 tours, à la proportionnelle mais avec une prime majoritaire à la liste en tête au 1er tour. Les conseillers régionaux sont élus pour cinq ans. Ils sont rééligibles.

Le conseil régional a son siège au chef-lieu de la région, à l'hôtel de région. Il se réunit au moins une fois par trimestre. Il vote le budget de la région. Il délibère sur les affaires régionales qui lui sont soumises. Il approuve le plan régional et concourt à l'élaboration du plan national.

Le président du conseil régional : le pouvoir exécutif

Il est élu par le conseil régional pour six ans à la majorité absolue des membres. Il préside les réunions du conseil régional. Il est chargé de l'exécution des décisions et des délibérations du conseil. Il dirige les services administratifs de la région. Il saisit le Comité économique et social régional de tous les problèmes qui sont de sa compétence (budget, plan et orientations générales).

Le Comité économique et social régional : assemblée consultative

Il émet des avis à l'intention du conseil régional.
Ses membres sont désignés pour six ans par les différentes organisations professionnelles, économiques, scientifiques et culturelles de la région.

LE CONSEIL RÉGIONAL, COMMISSIONS ET SERVICES

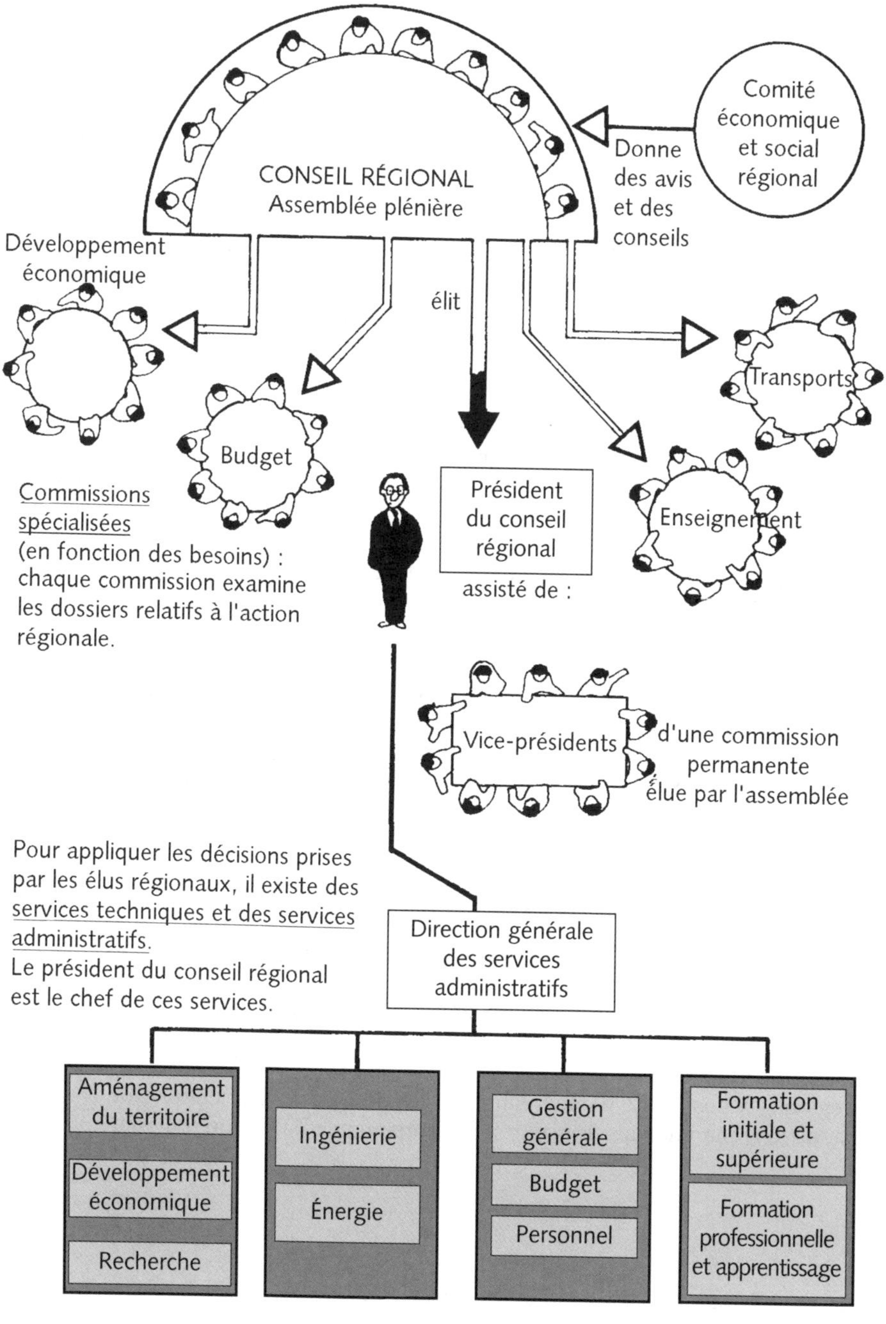

CONSEIL RÉGIONAL
Assemblée plénière

Comité économique et social régional

Donne des avis et des conseils

Développement économique

élit

Budget

Transports

Commissions spécialisées
(en fonction des besoins) :
chaque commission examine les dossiers relatifs à l'action régionale.

Enseignement

Président du conseil régional

assisté de :

Vice-présidents

d'une commission permanente élue par l'assemblée

Pour appliquer les décisions prises par les élus régionaux, il existe des services techniques et des services administratifs.
Le président du conseil régional est le chef de ces services.

Direction générale des services administratifs

Aménagement du territoire

Développement économique

Recherche

Ingénierie

Énergie

Gestion générale

Budget

Personnel

Formation initiale et supérieure

Formation professionnelle et apprentissage

83

État

Vie politique

Administration

Collectivités locales

Justice

International

Les compétences du conseil régional

Le budget de la région est le moyen d'action qui permet au conseil d'exercer ses différentes compétences dans la mise au point d'un plan, dans le développement économique, dans la formation.

● Le budget de la région

Il est voté, au début de chaque année, par les conseillers régionaux.
Toutes les opérations financières sont assurées par le payeur et comptable régional, qui dépend du Trésor public. La légalité des comptes est contrôlée par la chambre régionale des comptes.

● Les domaines de compétence

Le conseil régional règle par ses délibérations les affaires de la région. Sous cette formule générique, le législateur a plus particulièrement insisté sur la compétence de la région pour la promotion « du développement économique, social, sanitaire, culturel » et de « l'aménagement du territoire ».

▬ *L'action économique*

Les interventions tendent soit à favoriser le développement économique, soit à accorder des aides directes ou indirectes aux entreprises.

▬ *L'aménagement du territoire*

Acteur majeur de la planification, la région est le partenaire privilégié de l'État pour l'élaboration et l'exécution du plan de la nation. À ce titre, elle passe des contrats de plan avec l'État afin de réunir des moyens financiers suffisants pour des objectifs communs. Elle participe aux financements d'équipements collectifs. Elle veille au développement harmonieux du territoire. Elle agit sur les infrastructures et les transports (route, fer, eau), sur l'environnement et la mise en valeur des espaces naturels.

▬ *La formation des hommes*

C'est l'une des plus importantes et des plus lourdes compétences de la région.
• L'enseignement du second degré : la région est responsable de la construction, de l'équipement et des dépenses de fonctionnement des lycées [*p. 76*]. Elle a toutes les obligations de sécurité, d'entretien et de rénovation des lycées pour en assurer le bon fonctionnement.
• La formation professionnelle continue et l'apprentissage : la région met au point un plan de formation professionnelle en fonction des besoins et de l'avenir régional.

▬ *Les autres domaines de compétence*

La région a la possibilité d'intervenir dans les domaines de la culture, de l'environnement, de la recherche, des transports, des communications et du tourisme.

LE BUDGET DE LA RÉGION

■ Où va l'argent ?
Les dépenses

Formation des hommes
Formation initiale et supérieure. Construction et entretien des lycées. Formation professionnelle et apprentissage.

Transports et infrastructures
Aménagement de routes, ports maritimes, de gares, sécurité routière, transport ferroviaire régional, météorologie…

Action économique
Maîtrise de l'énergie, productions agricoles, diversification de l'économie régionale…

Habitat
Réhabilitation des quartiers urbains, amélioration des logements sociaux…

Aménagement régional
Restructuration des agglomérations, lutte contre la pollution des eaux, maintien en activité des zones agricoles, diversification des emplois et des produits.

Culture et sports
Musique, aménagement de lieux de spectacles, musées, salles de sport.

Frais de personnel

Charges de fonctionnement des assemblées et des services

Remboursement des emprunts

■ D'où vient l'argent ?
Les recettes

Participation de l'État
Diverses dotations et participations de l'État destinées à aider le fonctionnement et l'équipement des régions et qui correspondent aux transferts de compétences de l'État à la région dans le cadre de la décentralisation.
Exemple : financement au titre du Contrat de Plan.

Recettes d'emprunt
Moyen normal de financement du budget d'une collectivité locale, il permet de ne pas recourir en totalité à l'impôt. Ce financement est effectué soit à partir du réseau public (Caisse des dépôts et consignations, Caisse d'épargne…), soit sur le marché financier.

Recettes fiscales
– La taxe régionale.
Elle s'ajoute aux quatre taxes locales (taxe foncière sur les propriétés bâties, taxe foncière sur les propriétés non bâties, taxe d'habitation, taxe professionnelle).
– La taxe sur les droits de mutation.
Cette taxe est perçue sur chaque transaction immobilière (vente, achat…).
– La taxe sur les permis de conduire.
– La taxe sur les cartes grises des véhicules automobiles.

Recettes diverses
Remboursements faits à la région dans le cas d'accords de financement pour certains projets.
Exemple : remboursement de la SNCF pour le transport régional de voyageurs.

État

Vie politique

Administration

Collectivités locales

Justice

International

Le département

Créé par la Révolution, le département a été conçu dans le cadre d'un découpage géographique destiné à rationaliser l'organisation administrative du territoire. Napoléon donna un rôle prépondérant au représentant de l'État, le préfet, détenteur de l'exécutif.

● La division du territoire français en départements

■ La France est divisée en 100 départements (96 départements métropolitains et 4 départements d'outre-mer).

■ Chaque département est divisé en cantons dont le nombre varie de 15 (Territoire de Belfort) à 79 (département du Nord).

■ Le canton est un découpage géographique du département qui regroupe des communes ou des secteurs urbains. Il constitue une circonscription électorale pour l'élection des conseillers généraux.

● Les différents départements et leurs chefs-lieux

01	Ain	Bourg-en-Bresse	37	Indre-et-loire	Tours	71	Saône-et-Loire	Mâcon
02	Aisne	Laon	38	Isère	Grenoble	72	Sarthe	Le Mans
03	Allier	Moulins	39	Jura	Lons-le-Saunier	73	Savoie	Chambéry
04	Alpes-de-Hte-P.	Digne				74	Savoie (Hte-)	Annecy
05	Alpes (Hautes-)	Gap	40	Landes	Mt-de-Marsan	76	Seine-Maritime	Rouen
06	Alpes-Maritimes	Nice	41	Loir-et-cher	Blois	79	Sèvres (Deux-)	Niort
			42	Loire	St-Étienne	80	Somme	Amiens
07	Ardèche	Privas	43	Loire (Haute-)	Le Puy	81	Tarn	Albi
08	Ardennes	Mézières	44	Loire-Atlant.	Nantes	82	Tarn-et-Gar.	Montauban
09	Ariège	Foix	45	Loiret	Orléans	83	Var	Toulon
10	Aube	Troyes	46	Lot	Cahors	84	Vaucluse	Avignon
11	Aude	Carcassonne	47	Lot-et-Garonne	Agen	85	Vendée	La Roche/Yon
12	Aveyron	Rodez	48	Lozère	Mende			
13	Bouches-du-Rh.	Marseille	49	Maine-et-Loire	Angers	86	Vienne	Poitiers
14	Calvados	Caen	50	Manche	Saint-Lô	87	Vienne (Haute-)	Limoges
15	Cantal	Aurillac	51	Marne	Châlons-en-Champagne	88	Vosges	Épinal
16	Charente	Angoulême				89	Yonne	Auxerre
17	Charente-Mar.	La Rochelle	52	Marne (Haute-)	Chaumont	90	Belfort (Territoire de)	Belfort
18	Cher	Bourges	53	Mayenne	Laval			
19	Corrèze	Tulle	54	Meurthe-et-Mos.	Nancy			
20A	Corse-du-Sud	Ajaccio	55	Meuse	Bar-le-Duc		**RÉGION PARISIENNE**	
20B	Haute-Corse	Bastia	56	Morbihan	Vannes			
21	Côte-d'Or	Dijon	57	Moselle	Metz	75	Paris (Ville de)	
22	Côtes-d'Armor	St-Brieuc	58	Nièvre	Nevers	77	Seine-et-Marne	Melun
23	Creuse	Guéret	59	Nord	Lille	78	Yvelines	Versailles
24	Dordogne	Périgueux	60	Oise	Pontoise	91	Essonne	Évry
25	Doubs	Besançon	61	Orne	Alençon	92	Hauts-de-Seine	Nanterre
26	Drôme	Valence	62	Pas-de-Calais	Arras	93	Seine-St-Denis	Bobigny
27	Eure	Évreux	63	Puy-de-Dôme	Ct-Ferrand	94	Val-de-Marne	Créteil
28	Eure-et-Loir	Chartres	64	Pyrénées-Atlan.	Pau	95	Val-d'Oise	Pontoise
29	Finistère	Quimper	65	Pyrénées (Hautes-)	Tarbes			
30	Gard	Nîmes					**OUTRE-MER**	
31	Garonne (Hte)	Toulouse	66	Pyrénées-Orient.	Perpignan			
32	Gers	Auch				971	Guadeloupe	Basse-Terre
33	Gironde	Bordeaux	67	Rhin (Bas-)	Strasbourg	972	Martinique	Fort-de-France
34	Hérault	Montpellier	68	Rhin (Haut-)	Mulhouse			
35	Ille-et-Vilaine	Rennes	69	Rhône	Lyon	973	Guyane	Cayenne
36	Indre	Châteauroux	70	Saône (Hte-)	Vésoul	974	Réunion	St-Denis

LA DIVISION DE LA FRANCE MÉTROPOLITAINE EN DÉPARTEMENTS

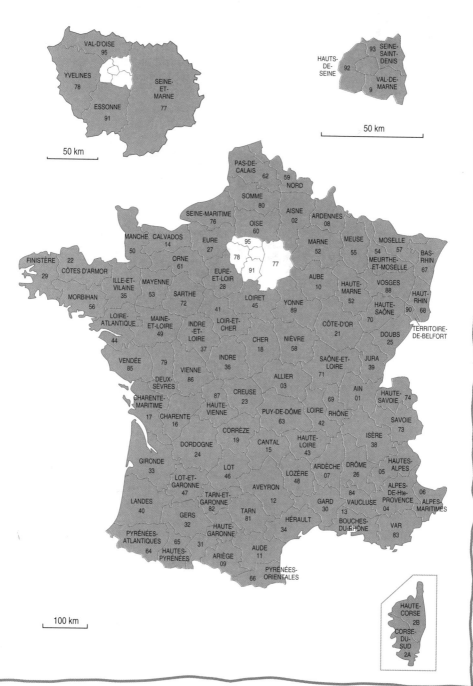

VAL-D'OISE 95
YVELINES 78
SEINE-ET-MARNE 77
ESSONNE 91

50 km

HAUTS-DE-SEINE 92
SEINE-SAINT-DENIS 93
VAL-DE-MARNE 9

50 km

50 km

PAS-DE-CALAIS 62
NORD 59
SOMME 80
SEINE-MARITIME 76
AISNE 02
OISE 60
ARDENNES 08
MANCHE 50
CALVADOS 14
EURE 27
95
MARNE 52
MEUSE 55
MOSELLE 54
57
BAS-RHIN 67
FINISTÈRE 29
CÔTES D'ARMOR 22
ORNE 61
78
91
77
MEURTHE-ET-MOSELLE 54
ILLE-ET-VILAINE 35
MAYENNE 53
EURE-ET-LOIR 28
AUBE 10
HAUTE-MARNE 52
VOSGES 88
HAUT-RHIN 68
MORBIHAN 56
SARTHE 72
LOIRET 45
YONNE 89
HAUTE-SAÔNE 70
90
LOIRE-ATLANTIQUE 44
MAINE-ET-LOIRE 49
INDRE-ET-LOIRE 37
LOIR-ET-CHER 41
CHER 18
NIÈVRE 58
CÔTE-D'OR 21
DOUBS 25
TERRITOIRE-DE-BELFORT
VENDÉE 85
DEUX-SÈVRES 79
VIENNE 86
INDRE 36
ALLIER 03
SAÔNE-ET-LOIRE 71
JURA 39
CHARENTE-MARITIME 17
CHARENTE 16
HAUTE-VIENNE 87
CREUSE 23
PUY-DE-DÔME 63
LOIRE 42
RHÔNE 69
AIN 01
HAUTE-SAVOIE 74
CORRÈZE 19
CANTAL 15
HAUTE-LOIRE 43
ISÈRE 38
SAVOIE 73
DORDOGNE 24
LOT 46
LOZÈRE 48
ARDÈCHE 07
DRÔME 26
HAUTES-ALPES 05
GIRONDE 33
LOT-ET-GARONNE 47
AVEYRON 12
GARD 30
VAUCLUSE 84
ALPES-DE-Hte-PROVENCE 04
ALPES-MARITIMES 06
LANDES 40
TARN-ET-GARONNE 82
TARN 81
HÉRAULT 34
BOUCHES-DU-RHÔNE 13
VAR 83
GERS 32
HAUTE-GARONNE 31
AUDE 11
PYRÉNÉES-ATLANTIQUES 64
HAUTES-PYRÉNÉES 65
ARIÈGE 09
PYRÉNÉES-ORIENTALES 66

100 km

HAUTE-CORSE 2B
CORSE-DU-SUD 2A

État

Vie politique

Administration

Collectivités locales

Justice

International

L'organisation d'un conseil général

Depuis la loi de décentralisation de mars 1982, le département est une collectivité territoriale. Le président du conseil général prépare et exécute les décisions de son assemblée.

● **Une collectivité territoriale**

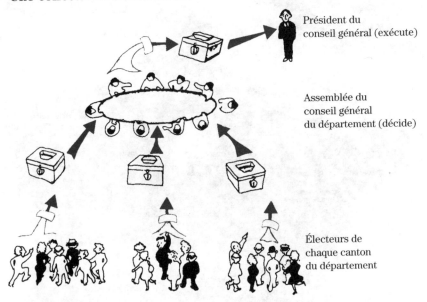

Président du conseil général (exécute)

Assemblée du conseil général du département (décide)

Électeurs de chaque canton du département

● **Le conseil général**

▬ Le conseil général [*p. 90*] a son siège à l'hôtel du département.

▬ Les conseillers généraux sont élus dans chaque canton, pour six ans, au suffrage universel direct. Ils sont renouvelables par moitié tous les trois ans, et sont rééligibles.

▬ Pour être candidat, il faut avoir 18 ans, être domicilié dans le département et être inscrit sur les listes électorales [*p. 21*].

▬ Le conseil général règle par ses délibérations « les affaires du département ». Il vote le budget [*p. 91*] départemental.

● **Le président du conseil général**

Il est élu pour trois ans par les conseillers généraux.

Il est chargé de préparer et d'exécuter les délibérations du conseil général. Il est l'ordonnateur des dépenses du département et le chef des services du conseil général.

Le président du conseil général est assisté d'une commission permanente composée de vice-présidents et éventuellement d'autres membres.

LE CONSEIL GÉNÉRAL, COMMISSIONS ET SERVICES

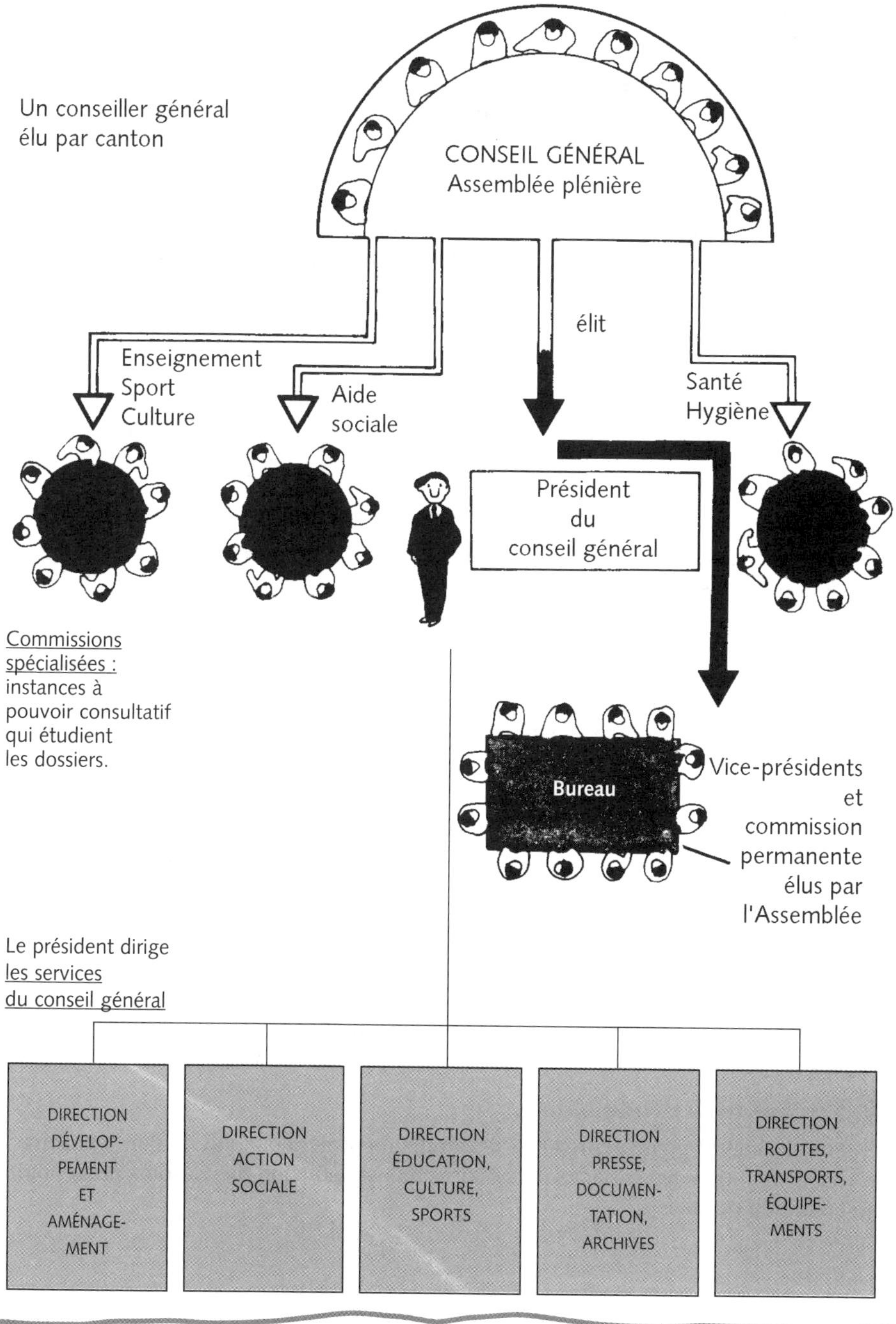

Un conseiller général élu par canton

CONSEIL GÉNÉRAL
Assemblée plénière

élit

Enseignement
Sport
Culture

Aide
sociale

Santé
Hygiène

Président
du
conseil général

Commissions spécialisées : instances à pouvoir consultatif qui étudient les dossiers.

Bureau

Vice-présidents
et
commission
permanente
élus par
l'Assemblée

Le président dirige les services du conseil général

| DIRECTION DÉVELOP-PEMENT ET AMÉNAGE-MENT | DIRECTION ACTION SOCIALE | DIRECTION ÉDUCATION, CULTURE, SPORTS | DIRECTION PRESSE, DOCUMEN-TATION, ARCHIVES | DIRECTION ROUTES, TRANSPORTS, ÉQUIPE-MENTS |

État

Vie politique

Administration

Collectivités locales

Justice

International

Les compétences du conseil général

Le conseil général est un rouage essentiel de la vie publique dans les domaines de l'action sociale, de l'éducation, de l'aménagement du territoire, du tourisme...

● Aide sociale et santé

Quel service pouvez-vous attendre de votre conseil général ?
• des prestations d'aide sociale : aide médicale, aide sociale à l'enfance, aux familles, aux personnes handicapées, âgées ou défavorisées ;
• de la prévention sanitaire : vaccination, protection maternelle et infantile, lutte contre certains fléaux : le cancer, la tuberculose, le SIDA, les maladies mentales et l'alcoolisme ;
• des services sociaux qui assurent, au plan local, la mise en œuvre des politiques d'aide sociale et des actions médico-sociales (service d'action sociale, service départemental de vaccination...).

● Équipements collectifs et gestion du patrimoine départemental

• Entretien et réparation des voies de communication en infrastructures : 350 000 km de routes sont classés dans la voirie départementale.
• Aménagement du territoire rural : ex. : mise en place d'un programme d'aide à l'équipement rural, financement du remembrement rural.
• Construction et amélioration des bâtiments administratifs à caractère social, culturel, sportif, éducatif (bibliothèques, musées) ou de protection des personnes et des biens (subvention au service départemental de protection contre l'incendie, construction de gendarmeries).
• Promotion du tourisme et sauvegarde de l'environnement.

● Actions éducatives

Le conseil général est responsable :
• de la construction, de l'équipement et de l'entretien des collèges [p. 76] ;
• de la politique de gratuité des transports scolaires non urbains.

● Aide aux communes

Soutien financier aux communes [p. 92] les moins favorisées (subventions des constructions scolaires et des équipements sportifs et socio-éducatifs).

● Intervention économique

Le conseil général peut favoriser le développement économique de son territoire, et assurer le maintien des services nécessaires à la satisfaction des besoins de la population en milieu rural.

LE BUDGET DU DÉPARTEMENT

◼ Où va l'argent?
Les dépenses

Aide sociale et santé

Aide sociale à l'enfance, aux handicapés, aux personnes âgées. Protection maternelle et infantile.

Voies de communication et infrastructures

Routes départementales. Patrimoine départemental (préfecture, gendarmerie...).

Développement économique

Zones d'activité, aide à l'agriculture, aménagement rural.

Logement

Éducation et sports

– Construction et entretien des collèges.
– Équipements sportifs et culturels.
– Transports scolaires.

Interventions en faveur de l'environnement

Plantations, acquisition d'espaces verts, tourisme.

Frais de personnel

Charges de fonctionnement des services
(matériel, fournitures, réceptions)

Remboursement des emprunts

◼ D'où vient l'argent ?
Les recettes

Participation de l'État

L'État effectue plusieurs dotations pour aider chaque département.

Recettes fiscales

– Taxe différentielle sur les véhicules à moteur (la vignette).
– Droits d'enregistrement.
– Taxes espaces verts, d'urbanisme et d'environnement.

Recettes fiscales des impôts directs

Ce sont des cotisations prélevées sur les impôts locaux (taux d'habitation, foncier bâti et non bâti, taxe professionnelle) au profit du département.

Produits des emprunts

◼ Les dépenses d'aide sociale obligatoire représentent plus de la moitié des dépenses de fonctionnement des départements.

État

Vie politique

Administration

Collectivités locales

Justice

International

La commune

La commune est la plus petite division administrative française. C'est une collectivité territoriale qui est gérée par des représentants élus. Un conseil municipal gère par ses délibérations les affaires de la commune. Le maire, élu par les membres du conseil municipal, en son sein, exécute les délibérations.

● Une collectivité territoriale

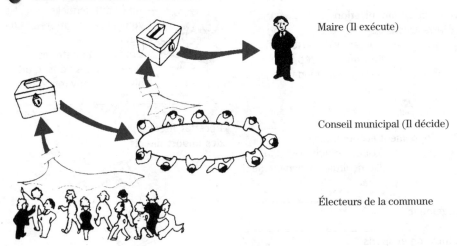

Maire (Il exécute)

Conseil municipal (Il décide)

Électeurs de la commune

● Quels services pouvez-vous attendre de votre mairie ?

■ *Élections* : inscription sur les listes électorales. La liste des électeurs est valable pour toutes les élections [*p. 20*] politiques (municipales, cantonales, régionales, législatives, européennes, présidentielles) ;

■ *Les services de l'état civil* : déclaration de naissance, de décès, de reconnaissance d'enfant naturel ;

■ *Les services sociaux dans chaque commune* : le centre communal d'action sociale gère l'ensemble des formes d'actions sociales mises en place par la commune, en accord avec les organismes institutionnels (DDASS, CAF et CPA maladie) : aide sociale à l'enfance, aux personnes âgées, aide médicale, aide en nature…

■ *Les services de l'urbanisme et du logement* : la notion de « carte communale » est réformée. Elle a vocation à remplacer les PLU (ex-POS, plan d'occupation des sols) pour les plus petites communes, dont les maires pourront ainsi, comme dans celles dotées d'un PLU, délivrer des permis de construire si elles le souhaitent.

■ *Des informations* par voie d'affichage ou par la consultation de documents (procès-verbaux du conseil municipal, *Journal officiel*…).

L'ORGANISATION D'UNE COMMUNE

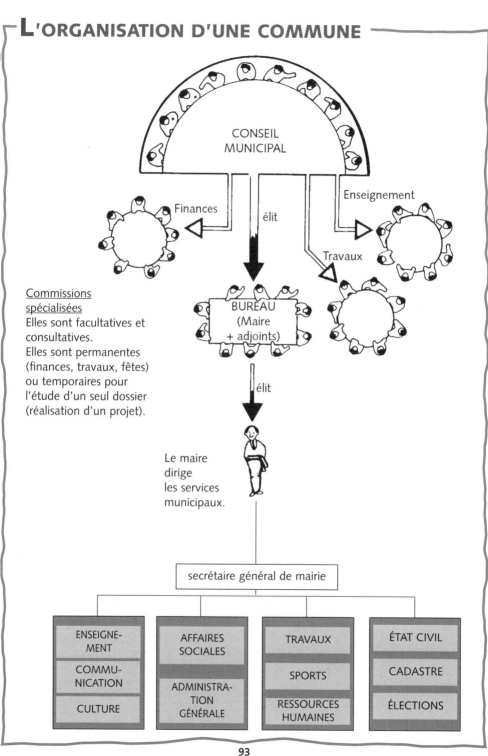

CONSEIL MUNICIPAL

Finances

élit

Enseignement

Travaux

Commissions spécialisées
Elles sont facultatives et consultatives.
Elles sont permanentes (finances, travaux, fêtes) ou temporaires pour l'étude d'un seul dossier (réalisation d'un projet).

BUREAU
(Maire + adjoints)

élit

Le maire dirige les services municipaux.

secrétaire général de mairie

ENSEIGNE-MENT	AFFAIRES SOCIALES	TRAVAUX	ÉTAT CIVIL
COMMU-NICATION		SPORTS	CADASTRE
CULTURE	ADMINISTRA-TION GÉNÉRALE	RESSOURCES HUMAINES	ÉLECTIONS

État

Vie politique

Administration

Collectivités locales

Justice

International

Les élections municipales

Elles ont lieu tous les six ans au suffrage universel direct, au scrutin de liste selon un mode mixte. Le nombre de conseillers municipaux varie en fonction de l'importance de la commune. Les fonctions de conseiller municipal sont gratuites. Des indemnités de fonctions sont attribuées aux maires et adjoints.

● L'élection des conseillers municipaux

■ Pour les communes de moins de 3 500 habitants, l'élection des conseillers municipaux se fait au scrutin majoritaire [*p. 24*] à deux tours.

■ Les conseillers municipaux des communes de 3 500 habitants et plus sont élus au scrutin de liste à deux tours selon un mode mixte [*p. 28*] (mélange de scrutin majoritaire et proportionnel).

● Qui peut être conseiller municipal ?

Pour être éligible, le candidat :
– doit avoir au moins 18 ans,
– être français ou, sous certaines conditions, ressortissant d'un pays de l'Union européenne,
– jouir de ses droits civils et politiques,
– être inscrit sur les listes électorales.
Il faut avoir 18 ans pour être maire.

● La durée du mandat

Un conseiller municipal est élu pour six ans.
Si un siège de conseiller devient vacant, pour quelque cause que ce soit, le candidat, venant sur la liste immédiatement après le dernier élu, prend la place.

● Comment se fait l'élection du maire et des adjoints ?

■ Elle se fait lors de la première réunion du conseil municipal qui doit se tenir au plus tôt le vendredi et au plus tard le dimanche suivant l'élection.

■ Le maire est élu pour six ans au scrutin majoritaire à trois tours par le conseil municipal que préside le doyen d'âge.

■ Dès qu'il est élu, le maire préside la séance du conseil pour procéder à l'élection des adjoints, au scrutin (secret) uninominal à trois tours. Le nombre des adjoints au maire ne peut excéder 30 % de l'effectif du conseil municipal.

COMBIEN DE CONSEILLERS MUNICIPAUX ?

Le nombre des conseillers municipaux varie en fonction de l'importance de la population de la commune.

Nombre de conseillers par commune	
Population de la commune	Nombre de conseillers
Moins de 100 habitants .	9
100 à 499	11
500 à 1 499	15
1 500 à 2 499	19
2 500 à 3 499	23
3 500 à 4 999	27
5 000 à 9 999	29
10 000 à 19 999	33
20 000 à 29 999	35
30 000 à 39 999	39
40 000 à 49 999	43
50 000 à 59 999	45
60 000 à 79 999	49
80 000 à 99 999	53
100 000 à 149 999	55
150 000 à 199 999	59
200 000 à 249 999	61
250 000 à 299 999	65
300 000 et plus	69
Paris	163
Lyon	73
Marseille	101

La commune de Paris est administrée par un Conseil de Paris [p. 102]. Celles de Lyon et de Marseille par un conseil municipal. Elles sont toutes soumises aux mêmes règles de fonctionnement que les autres communes.
Il existe 36 560 communes, ce qui fait, proportionnellement à la population, trois fois plus qu'en Italie, en Espagne ou en République fédérale d'Allemagne.
Les communes de moins de 10 000 habitants représentent 98 % des communes et 48 % de la population française.

■ Les délégations

Le maire est seul chargé de l'administration de la commune mais il peut se faire aider par ses adjoints, par des conseillers municipaux et par ses collaborateurs. Les délégations sont accordées par le maire aux adjoints de son choix, par un arrêté qui doit préciser la nature et les limites des fonctions déléguées. Le maire n'a pas le droit de déléguer une partie de ses fonctions à un conseiller municipal quand il existe un adjoint qui peut s'en acquitter.

■ Les signes distinctifs pour symboliser l'autorité du maire

• L'écharpe tricolore (bleu, blanc, rouge) doit se porter dans les cérémonies publiques, soit à la ceinture, soit de l'épaule droite au côté gauche.
• L'insigne officiel : son usage est facultatif.
• La carte d'identité délivrée par la préfecture.

■ Les conditions d'exercice des mandats locaux

La loi du 3 février 1992 précise les garanties accordées aux conseillers municipaux dans l'exercice de leur mandat et dans leur activité professionnelle ainsi que leurs droits à une formation. Le même texte détermine les indemnités de fonction et la retraite des élus.

■ Les conseils municipaux d'enfants

Pour sensibiliser les jeunes à la vie publique, certaines communes procèdent à l'élection dans les écoles d'un conseil municipal des jeunes. Ils élisent en leur sein un « maire » et ils siègent régulièrement à l'hôtel de ville de leur commune.

État

Vie politique

Administration

Collectivités locales

Justice

International

Le maire et son conseil municipal

Il peut intervenir à l'égard de toutes les affaires communales dans le cadre de la législation existante. Son pouvoir de décision est matérialisé par des délibérations qui s'imposent à tous.

● Le maire

■ Le maire représente la commune auprès des administrés et des pouvoirs publics. Il exécute les décisions du conseil municipal, il possède l'autorité de police municipale et il est le représentant de l'État dans la commune.

■ Il est aidé par des adjoints au maire qui peuvent le remplacer en cas d'empêchement, ou exercer, par délégation, certaines fonctions.

● Le maire : un agent exécutif du conseil municipal

Il convoque le conseil municipal, dont il est le président. Il prépare et exécute les décisions du conseil municipal. Ordonnateur de la commune, il est chargé de l'exécution du budget [*p. 99*] : paiement des dépenses engagées et encaissement des recettes.

Il représente la commune, par délégation du conseil municipal. Par exemple, pour la signature des contrats.

● Le maire : un magistrat municipal

■ Il assure la police municipale et la police rurale pour garantir le bon ordre, la sécurité et la salubrité publique. Les agents de la police municipale et les gardes champêtres (police rurale) sont chargés d'assurer sur le territoire de la commune les arrêtés de police du maire (par exemple, pour la réglementation de la circulation ou du stationnement sur les voies).

■ Il recrute le personnel communal et il est responsable de l'organisation des services municipaux.

■ Il délivre les permis de construire lorsqu'un plan d'occupation des sols (POS) a été approuvé.

● Le maire : un représentant de l'État

Il est chargé, sous l'autorité du préfet :

– d'assurer la publication des lois et règlements [*p. 50*] de la République ;

– de participer à certaines opérations administratives : révision des listes électorales, recensement de la population, établissement des listes de conscription, organisation des élections ;

– d'exercer les fonctions d'officier d'état civil (tenue des registres d'état civil et célébration des mariages) ;

– d'exercer les fonctions d'officier de police judiciaire. Il constate les contraventions en dressant un procès-verbal.

LE RÔLE D'UN CONSEIL MUNICIPAL

Le conseil municipal règle par ses délibérations les affaires de la commune et vote le budget nécessaire au financement de l'ensemble des actions décidées. Il se réunit au moins quatre fois par an à la mairie. Les séances sont publiques.

L'organisation des services publics gratuits

– Services administratifs obligatoires pour l'état civil, les listes électorales, les élections, le recensement pour la journée d'appel de préparation à la défense… ;
– aides sociale et médicale, aux personnes âgées, aux demandeurs d'emploi, aide au logement, administrées par un centre communal d'aide sociale ;
– entretien de la voirie communale ;
– action éducative (construction, entretien, équipement des écoles, classes de nature…) ;
– service de police municipale (10 000 policiers pour 2 900 communes).

La création des services publics payants

Ils sont financés par les usagers. La gestion autonome de chaque service est assurée, sous le contrôle du conseil municipal, par des agents territoriaux et une régie municipale :
– l'hygiène et l'environnement (pompes funèbres, distribution en eau potable, service d'assainissement, collecte des ordures ménagères…) ;
– la production et la distribution de l'énergie (électricité, gaz, chaleur…) ;
– les équipements collectifs : crèches, cantines, piscines, bibliothèques, musées, centres de loisirs… ;
– les transports publics d'intérêt local, les parcs de stationnement… ;
– les activités économiques (halles, marchés, abattoirs, réseaux câblés…).

L'aménagement du domaine public

La commune accroît ses compétences dans les domaines du logement social (zones d'aménagement concerté, ZAC), du développement industriel (zones industrielles), de la protection du patrimoine architectural, de l'environnement et de l'urbanisme (plan d'occupation des sols, délivrance des permis de construire ou de détruire…).

La gestion du domaine privé de la commune

Il s'agit de la bonne utilisation et de la conservation des biens immobiliers appartenant à la commune (perception des revenus de location des propriétés, terres, forêts, immeubles ; assurance et entretien des bâtiments communaux…).

Le développement économique

Pour aménager l'espace et développer l'économie locale, le conseil municipal peut aider certaines entreprises à se créer ou à maintenir des services nécessaires.

La réalisation de manifestations

Exemple : foires, expositions, concerts, festivals, subventions aux associations sportives et culturelles…

Le rôle de représentation

Le conseil désigne ses représentants dans les différents organismes extérieurs (commissions locales ou départementales diverses, communautés de villes, communauté urbaine, par exemple).

État

Vie politique

Administration

Collectivités locales

Justice

International

Budget et impôts locaux

Le budget d'une commune est la traduction financière de la politique poursuivie par le conseil municipal. Les dépenses doivent être globalement couvertes par les recettes. Il en résulte que cet équilibre est souvent réalisé par une augmentation des impôts locaux.

● Les différentes étapes de l'année budgétaire

Le budget de la commune est voté en trois étapes.

▬ *Le budget primitif* (en janvier ou février)
Voté en début d'année, il donne les principales orientations de l'action du conseil municipal pour l'année. Il fixe le taux des impôts locaux qui seront perçus pour financer les dépenses.

▬ *Le compte administratif* (à partir d'avril jusqu'en octobre)
C'est le compte rendu de la gestion budgétaire de l'année précédente. On s'aperçoit parfois que cette gestion a pu dégager des économies.

▬ *Le budget supplémentaire* (aussitôt après le compte administratif)
Il est voté en cours d'année pour réajuster les prévisions initiales. Chaque budget distingue deux parties :
– la section de fonctionnement qui présente les recettes et les dépenses courantes des services municipaux,
– la section d'investissement qui concerne les opérations qui augmentent ou diminuent le patrimoine communal (acquisitions mobilier, d'immeubles…).

● Les quatre impôts locaux. Qui est imposable ?

▬ *La taxe foncière sur les propriétés bâties* : impôt versé par le propriétaire d'un immeuble.

▬ *La taxe foncière sur les propriétés non bâties* : impôt versé par le propriétaire de terres et terrains de toute nature.

▬ *La taxe d'habitation* : impôt payé par le propriétaire ou le locataire d'une habitation meublée.

▬ *La taxe professionnelle* : impôt payé par les personnes physiques ou morales exerçant une activité professionnelle non salariée (commerçants, industriels, artisans…).
En payant ces quatre impôts directs locaux, on participe en même temps au financement des budgets de la commune, de la communauté urbaine [*p. 100*] (ou du district), du département, de la région.
Les taux d'imposition sont variables d'une commune à une autre et peuvent changer chaque année. Instituées sous la Révolution, les taxes sont également appelées les « quatre vieilles ».

LE BUDGET DE LA COMMUNE

▪ Où va l'argent ?
Les dépenses

Frais de personnel
– Traitements
– Indemnités
– Charges sociales

Indemnités des maires et des adjoints

Services publics communaux
– État civil, pompes funèbres, lutte contre l'incendie.
– Enlèvement des ordures ménagères.
– Construction et fonctionnement des écoles.
– Culture, loisirs, sports.

Participations et subventions
– Charges obligatoires relatives au fonctionnement des services intercommunaux (ex. : districts, communauté urbaine…).
– Subventions versées aux associations (comité des fêtes, groupes sportifs, etc.).
– Voirie : éclairage, espaces verts.

Autres dépenses
Denrées, fournitures, services extérieurs.

Dépenses d'équipement
– Achat de biens meubles et immeubles.
– Travaux divers.
– Équipements sportifs et culturels.

**Remboursement
des emprunts**

▪ D'où vient l'argent ?
Les recettes

Produits d'exploitation et domaniaux relatifs aux services rendus aux usagers
Crèches, piscines, cantines, colonies.

Dotation globale de fonctionnement versée par l'État

Recettes fiscales
– Les quatre impôts directs locaux.
– Diverses taxes : taxe d'enlèvement des ordures ménagères, taxe de balayage, taxe de séjour, etc.

Subventions reçues

Autres recettes
Ex : ventes de biens communaux.

Emprunts
Les communes ont très souvent recours aux emprunts pour financer leurs investissements. Contrairement au budget de l'État, le budget de la commune doit être présenté en équilibre réel.

■ Combien sommes-nous ?

Le recensement de la population, effectué périodiquement (en 1990, puis en mars 1999), fournit des informations permettant d'analyser l'emploi, d'organiser la vie sociale, de prévoir les équipements publics.
Il constitue un précieux outil de décision pour l'État et les collectivités territoriales.

État

Vie politique

Administration

Collectivités locales

Justice

International

Le groupement des collectivités territoriales

La coopération des collectivités territoriales permet de réduire les disparités entre elles et d'assurer un développement équilibré d'une zone géographique.

Différents types de structures juridiques de coopération peuvent exister en fonction de l'importance des collectivités territoriales et des projets communs à réaliser.

● La coopération internationale ou coopération décentralisée

Elle concerne toutes les formes de coopération entre les collectivités territoriales et étrangères.

● La coopération interrégionale

Constituée entre deux ou trois régions limitrophes, elle est administrée par un conseil composé de représentants des régions membres. L'entente interrégionale peut évoluer vers une intégration progressive.

● La coopération intercommunale

La loi du 12 juillet 1999 vise à clarifier l'intercommunalité. Elle ne prévoit plus que trois types de coopération entre les communes.

■ *Communautés urbaines* (au-dessus de 500 000 habitants) : elles exercent des compétences dans les domaines de l'aménagement de l'espace, du développement économique et de la réalisation des principaux équipements urbains. Il en existe plusieurs en France : Bordeaux, Brest, Cherbourg, Le Creusot, Dunkerque, Lille, Lyon, Le Mans, Marseille et Strasbourg.

■ *Communautés d'agglomération* : établissement public intercommunal qui regroupe plusieurs communes de plus de 50 000 habitants autour d'une ville-centre de 15 000 habitants. Quatre compétences sont obligatoires : développement économique, aménagement de l'espace communautaire, équilibre social de l'habitat, politique de la ville.

Les districts et syndicats d'agglomération doivent disparaître.

■ *Communautés de communes* (pas de seuil démographique) : elles assurent des actions d'aménagement de l'espace et de développement économique. Elles incitent à adopter la taxe professionnelle unique (TPU).

● La fusion

La fusion est l'opération qui consiste, pour deux ou plusieurs communes, à réunir leurs patrimoines afin de créer une nouvelle commune.

UNE COMMUNAUTÉ URBAINE : LE GRAND LYON

Créée par la loi du 31 décembre 1966, la communauté urbaine de Lyon, appelée « le Grand Lyon », rassemble 55 communes et 1 152 000 habitants sur un territoire de 50 000 hectares.

Les 55 communes du Grand Lyon

▪ Compétences

Les domaines d'intervention de la communauté urbaine sont :
• *l'urbanisme.* Schéma directeur de l'agglomération lyonnaise. Plans d'occupation des sols. Chartes intercommunales de développement et d'aménagement. Création et équipement de zones industrielles, artisanales et d'habitat ;
• *le logement.* Politique de logement intégrant des logements sociaux à des programmes privés ;
• *les équipements publics.* Voirie et signalisation, parcs de stationnement. Sécurité civile et environnement, collecte et traitement des déchets urbains, transports urbains de voyageurs, abattoirs et marchés d'intérêt national, création et extension de cimetières ;
• *la gestion de certains services publics.* Service de lutte contre l'incendie, service des transports urbains de voyageurs, propreté, eau et assainissement.

90 communautés d'agglomération ont été constituées au 31 décembre 2001 avec 1 435 communes et 11 500 000 habitants.
La première est la communauté d'agglomération du pays de Montbéliard en octobre 1999.

État

Vie politique

Administration

Collectivités locales

Justice

International

L'organisation administrative de Paris

Paris est la capitale d'un État fortement centralisé. Au dernier recensement, la population totale de Paris était de 2 116 000 habitants, celle de la région Ile-de-France 10 700 000 habitants.

● Le statut de Paris : une commune et un département

Le territoire de Paris recouvre deux collectivités territoriales : la commune de Paris et le département de Paris.
La loi du 31 décembre 1975 a fait de Paris une commune [*p. 92*], dont l'organisation est régie pour l'essentiel par le Code des communes.

● Le maire

■ La commune de Paris est administrée par un maire et un conseil municipal [*p. 96*] — dénommé Conseil de Paris — composé de 163 élus, conseillers de Paris. L'élection des conseillers de Paris se déroule dans le cadre du secteur électoral, chaque secteur représentant un arrondissement. Il y a 20 arrondissements à Paris.
■ Le maire est élu par les conseillers de Paris pour six ans.
Il ne peut pas être président du conseil régional d'Ile-de-France, mais il peut être membre du gouvernement.
■ Il n'est pas responsable de la police municipale qui revient au préfet de police, haut fonctionnaire nommé par l'État.

● Le Conseil de Paris

Une même assemblée, « le Conseil de Paris », siège :
- soit en formation de conseil municipal [*p. 96*], présidée par le maire de Paris ;
- soit en formation de conseil général [*p. 88*], dont le maire de Paris est président.

● Les conseils d'arrondissement

■ La loi du 31 décembre 1982 a institué pour les communes de Paris, Marseille et Lyon de nouvelles structures élues à l'échelon local : le conseil d'arrondissement et le maire d'arrondissement.
■ Les élus de Paris sont au nombre de 517 : 163 conseillers de Paris, 354 conseillers d'arrondissement.
■ Le conseil d'arrondissement est présidé par un maire d'arrondissement, élu parmi les membres du conseil municipal.

LES VINGT ARRONDISSEMENTS DE PARIS

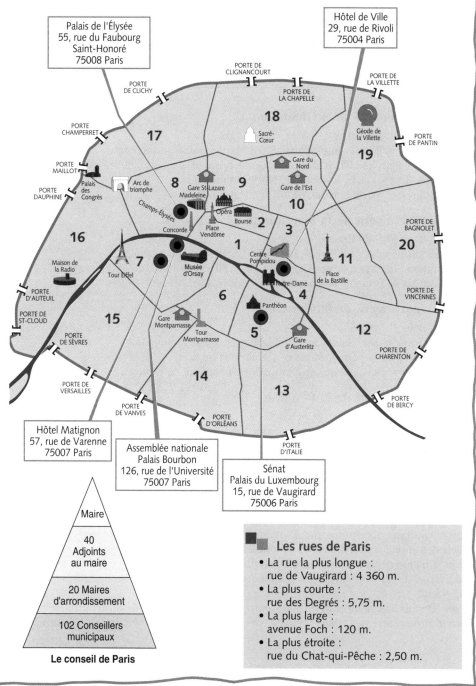

Palais de l'Élysée
55, rue du Faubourg
Saint-Honoré
75008 Paris

Hôtel de Ville
29, rue de Rivoli
75004 Paris

PORTE DE CLIGNANCOURT

PORTE DE CLICHY

PORTE DE LA CHAPELLE

PORTE DE LA VILLETTE

PORTE CHAMPERRET

Sacré-Cœur

Géode de la Villette

PORTE DE PANTIN

PORTE MAILLOT

PORTE DAUPHINE

Palais des Congrès

Arc de triomphe

Gare St-Lazare

Gare du Nord

Gare de l'Est

Champs-Élysées

Madeleine

Opéra

Bourse

Concorde

Place Vendôme

PORTE DE BAGNOLET

Maison de la Radio

Tour Eiffel

Musée d'Orsay

Centre Pompidou

Notre-Dame

Place de la Bastille

PORTE DE VINCENNES

PORTE D'AUTEUIL

PORTE DE ST-CLOUD

PORTE DE SÈVRES

Gare Montparnasse

Tour Montparnasse

Panthéon

Gare d'Austerlitz

PORTE DE CHARENTON

PORTE DE VERSAILLES

PORTE DE VANVES

PORTE D'ORLÉANS

PORTE DE BERCY

PORTE D'ITALIE

17 18 19 8 9 10 16 2 3 20 1 11 7 6 4 15 5 12 14 13

Hôtel Matignon
57, rue de Varenne
75007 Paris

Assemblée nationale
Palais Bourbon
126, rue de l'Université
75007 Paris

Sénat
Palais du Luxembourg
15, rue de Vaugirard
75006 Paris

Le conseil de Paris

Maire

40 Adjoints au maire

20 Maires d'arrondissement

102 Conseillers municipaux

Les rues de Paris

- La rue la plus longue :
  rue de Vaugirard : 4 360 m.
- La plus courte :
  rue des Degrés : 5,75 m.
- La plus large :
  avenue Foch : 120 m.
- La plus étroite :
  rue du Chat-qui-Pêche : 2,50 m.

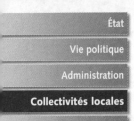
État

Vie politique

Administration

Collectivités locales

Justice

International

Les départements d'outre-mer

Les institutions publiques des départements d'outre-mer ont plusieurs objectifs : préserver les particularités locales, maintenir et renforcer l'attachement à la République française.

● Département de la Guadeloupe

– Chef-lieu : Basse-Terre.
– Villes principales : Pointe-à-Pitre, Saint-Martin, Saint-Barthélémy.
– Situation : archipel des Antilles, formé de neuf îles principales dans la mer des Caraïbes (La Désirade, les Saintes, Marie-Galante…).
– Ressources : sucre, banane, rhum, pêche, tourisme.

● Département de la Martinique

– Chef-lieu : Fort-de-France.
– Villes principales : La Trinité, Le Marin, Sainte-Marie, Le Lamentin.
– Situation : dans la mer des Caraïbes, l'île a 80 km de long sur 30 de large.
– Ressources : banane, ananas, rhum, pétrole raffiné, ciment, tourisme.

● Département de la Guyane

– Chef-lieu : Cayenne.
– Villes principales : Saint-Laurent-du-Maroni, Kourou, Sinnamary.
– Situation : sur la côte nord-est de l'Amérique du Sud.
– Ressources : bois, pêche, agriculture, centre spatial de Kourou.

● Département de la Réunion

– Chef-lieu : Saint-Denis.
– Villes principales : Saint-Pierre, Saint-Paul, Saint-Benoît, Le Tampon, Saint-Joseph, Saint-André, Saint-Louis, Le Port.
– Situation : dans l'océan Indien, à 800 km à l'est de Madagascar.
– Ressources : sucre, rhum, essences végétales, vanille.

● L'organisation administrative des départements d'outre-mer

■ Dans l'ensemble, la législation et la réglementation métropolitaines s'appliquent aux départements d'outre-mer. L'organisation administrative des services de l'État et le rôle des services départementaux sont les mêmes qu'en métropole.
■ Chaque département possède, en plus, un conseil régional [*p. 82*] élu au suffrage universel direct, doté de larges compétences et assisté chacun d'un Comité économique et social.
■ Depuis la création de l'Union européenne, les départements d'outre-mer s'intègrent progressivement dans l'espace communautaire.

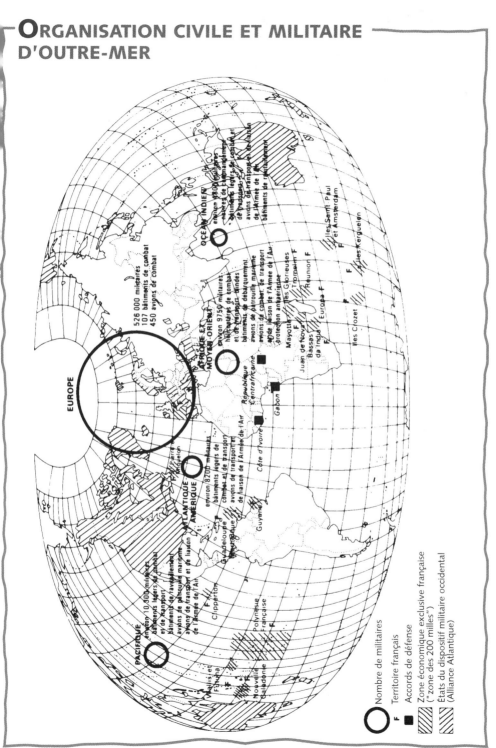

EUROPE

526 000 militaires
107 bâtiments de combat
450 avions de combat

OCÉAN INDIEN
environ 9300 militaires
navires de type commando
bâtiments légers de combat et
de transport
avions de transport
avions de patrouille maritime
et de liaison de l'Armée de l'Air
bâtiments de ravitaillement

AFRIQUE ET MOYEN-ORIENT
environ 9750 militaires
hélicoptères de combat
et de transport
bâtiments de débarquement
avions de patrouille maritime
avions de combat, de transport
et de liaison de l'Armée de l'Air
protection antiaérienne

ATLANTIQUE AMÉRIQUE
environ 8700 militaires
bâtiments légers de
combat et de transport
avions de transport et
de liaison de l'Armée de l'Air

PACIFIQUE
environ 10 300 militaires
bâtiments légers de combat
et de transport
bâtiment de ravitaillement
avions de patrouille maritime
avions de transport et de liaison
de l'Armée de l'Air

Îles Saint-Paul
et Amsterdam F

Îles Kerguelen F

Îles Crozet F

Réunion F

Tromelin F

Îles Glorieuses F

Mayotte F

Juan de Nova F

Bassas
da India F

Europa F

Gabon

République
Centrafricaine

Côte d'Ivoire

Guyane

Clipperton

Guadeloupe
Martinique

Saint-Pierre
et Miquelon

Wallis et
Futuna F

Nouvelle-
Calédonie F

Polynésie
Française
F

◯ Nombre de militaires

F Territoire français

■ Accords de défense

▨ Zone économique exclusive française
("zone des 200 milles")

▨ États du dispositif militaire occidental
(Alliance Atlantique)

État

Vie politique

Administration

Collectivités locales

Justice

International

Les territoires d'outre-mer et les collectivités territoriales

Les territoires d'outre-mer font partie de la République française, mais pas de l'Union européenne. Ils sont représentés à l'Assemblée nationale et au Sénat.

● Les territoires d'outre-mer

■ *Polynésie française*

150 îles dans la partie orientale du Pacifique. Îles de la Société, archipel des Tuamotu-Gambier, archipel des Marquises, îles australes. Elle bénéficie depuis la loi du 12 avril 1996 d'un statut de large autonomie.

■ *Wallis et Futuna*

Deux archipels situés à 230 km l'un de l'autre au nord d'une ligne allant des îles Fidji aux Samoa, à 2 000 km de la Nouvelle-Calédonie et à 300 km de Tahiti.

Territoires d'outre-mer, Wallis et Futuna disposent d'un statut d'autonomie. Depuis 1987, un administrateur supérieur représente le gouvernement de la République, il préside un Conseil territorial de six membres dont trois membres de droit (les trois chefs ou « rois » de Wallis et Futuna).

■ *Les Terres australes et antarctiques françaises (TAAF)*

Elles sont divisées en quatre districts très éloignés les uns des autres : îles Saint-Paul et Amsterdam, îles des Crozet, îles des Kerguelen, Terre Adélie.

Territoires d'outre-mer, les Terres australes et antarctiques (leur siège est à Paris) sont placées sous l'autorité d'un administrateur supérieur qui relève directement du ministère des DOM-TOM. Un conseil [*p. 40*] consultatif de sept membres est chargé d'assister le chef du territoire. Les TAAF n'ont pas de représentants parlementaires.

● Les collectivités territoriales

■ *Saint-Pierre-et-Miquelon*

Situé dans l'océan Atlantique, à l'entrée du golfe du Saint-Laurent, à moins de 25 km des côtes de Terre-Neuve.

■ *Mayotte*

Île qui fait partie de l'archipel des Comores, à l'entrée nord du canal du Mozambique, dans l'océan Indien.

Collectivités territoriales de la République, Saint-Pierre-et-Miquelon ainsi que Mayotte sont administrées par un conseil général. Un préfet [*p. 90*] représente le gouvernement.

● La Nouvelle-Calédonie

Île de la Nouvelle-Calédonie, île des Pins, îles Loyauté, îles du Nord, situées dans l'océan Pacifique. Statut unique dans la République française. L'accord de Nouméa, en mai 1998, adopté par référendum, prévoit une indépendance entre 2014 et 2019.

SUPERFICIES ET POPULATION

■ Les superficies et le nombre d'habitants

	Superficie (en km²)	Nombre d'habitants (en 1999)	Distance de Paris (en km)
Départements d'outre-mer			
Guadeloupe	1 704	422 496	6 792
Martinique	1 100	381 427	6 858
Guyane	90 000	157 213	7 072
Réunion	2 510	709 468	9 342
TOTAL	95 314	1 670 604	
Territoires d'outre-mer			
Nouvelle-Calédonie	18 576	196 836	16 743
Polynésie française	4 200	219 521	17 500
Wallis et Futuna (îles)	274	14 166	22 000
TAAF	439 603	200	
TOTAL	462 653	430 723	
Collectivités territoriales			
Mayotte	375	131 320	7 953
Saint-Pierre-et-Miquelon (îles)	242	6 623	4 750
TOTAL	617	137 943	
TOTAL GÉNÉRAL	558 584	2 239 270	

■ Les statuts

• Nouvelle-Calédonie :
loi organique et ordinaire, 16 février 1999.
• Polynésie :
loi du 6 septembre 1984, du 12 juillet 1990 et du 12 avril 1996.
• Saint-Pierre-et-Miquelon :
loi du 11 juin 1985, statut de l'archipel.
• Mayotte :
loi du 22 décembre 1979, accord de Paris du 27 janvier 2000 soumis à consultation.

■ L'Euro

Dans les départements français d'outre-mer, à Saint-Pierre et Miquelon et à Mayotte, l'euro est la monnaie officielle. Dans les TOM, qui ne font pas partie de l'Union européenne, la monnaie utilisée est le franc du Pacifique (1 000 CFP = 8,38 €).

■ Pour en savoir plus :
Consultation des fiches pratiques sur les DOM-TOM du secrétariat d'État à l'outre-mer : outre-mer.gouv.fr.

■ Quelle heure est-il ?
Décalage horaire par rapport à Paris

Polynésie	Martinique Guadeloupe	Guyane	Paris	Mayotte	Réunion	Wallis et Futuna
− 11	− 5	− 4	Hiver	+ 2	+ 3	+ 10
− 12	− 6	− 5	Été	+ 1	+ 2	+ 11

107

État

Vie politique

Administration

Collectivités locales

Justice

International

Les différents tribunaux

Les tribunaux veillent à l'application des règles de droit ; placés sous la responsabilité de l'État, ils rendent la justice « au nom du peuple français ». Il existe ainsi de nombreuses juridictions aux compétences différentes.

Le Tribunal des conflits

Une affaire complexe dépend-elle des juridictions administratives ou des juridictions judiciaires ? C'est le Tribunal des conflits qui décide quelle est la juridiction compétente.

Les juridictions administratives

Elles jugent les litiges nés des activités de l'Administration.
• Les tribunaux administratifs jugent en premier ressort.
• Les cours administratives d'appel interviennent en appel de certains jugements des tribunaux administratifs [p. 113].
• Le Conseil d'État a un triple rôle [p. 114].

Les juridictions judiciaires pénales

La cour d'assises, le tribunal correctionnel, le tribunal de police [p. 124, 122 et 120] répriment et sanctionnent les atteintes à la loi. La gravité de l'infraction détermine le tribunal qui juge.

Les juridictions judiciaires civiles

▬ Le tribunal d'instance [p. 116] est compétent pour des affaires prévues par la loi en dernier ressort jusqu'à 3 800 € et à charge d'appel jusqu'à 7 600 €.
▬ Le tribunal de grande instance [p. 118] règle les problèmes nés des relations entre individus (dettes, contrats, divorces, etc.). Le juge aux affaires familiales (instauré par la loi du 8 janvier 1993 et applicable au 10 février 1994) est un magistrat du TGI. Il veille à la sauvegarde des intérêts du mineur. Il règle la gestion de pension alimentaire et peut prononcer seul un divorce.

Les juridictions civiles spécialisées

Elles sont compétentes au cours de l'activité professionnelle : le conseil de prud'hommes, le tribunal de commerce, le tribunal paritaire des baux ruraux, la commission de la Sécurité sociale, le juge des loyers commerciaux.

Les juridictions judiciaires de recours

▬ La cour d'appel [p. 132] rejuge lorsqu'une des parties n'est pas satisfaite du jugement.
▬ La Cour de cassation [p. 134] juge la forme du jugement et assure une certaine uniformité dans l'interprétation des lois.

ORGANISATION SIMPLIFIÉE DES TRIBUNAUX

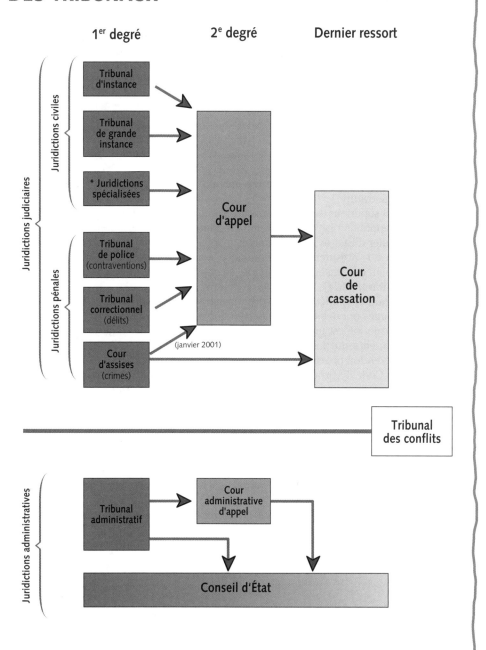

* Tribunal de commerce, conseil de prud'hommes, juge des loyers commerciaux, Commission du contentieux de la Sécurité sociale, tribunal paritaire des baux ruraux, etc.

État

Vie politique

Administration

Collectivités locales

Justice

International

Le personnel de la justice

Il existe deux grandes catégories de personnel. L'une chargée de rendre la justice ou de requérir : ce sont les magistrats. L'autre est chargée d'aider les justiciables : ce sont les avocats. Ils sont tous aidés par ce que l'on appelle les auxiliaires de justice.

● Les magistrats du siège : les juges

▬ Les juges instruisent les affaires et tranchent les conflits en rendant des jugements ou des ordonnances. On les appelle les magistrats du siège car ils rendent la justice assis. Nommés par le gouvernement [*p. 40*], ils sont inamovibles, c'est-à-dire qu'on ne peut les déplacer sans leur accord, ils répondent de leurs actes devant le Conseil supérieur de la magistrature.

▬ Le Conseil supérieur de la magistrature comprend 9 membres désignés par le président de la République [*p. 36*] : 3 membres de la Cour de cassation, 3 magistrats du siège, 1 Conseiller d'État et 2 personnalités n'appartenant pas à la magistrature. Son président est le président de la République, son vice-président le Garde des sceaux. Quand il est réuni en conseil de discipline, il est présidé par le Premier président de la Cour de cassation [*p. 134*].
Le CSM est garant de l'indépendance des magistrats (art. 65 de la Constitution).

▬ Certains juges ont des fonctions particulières :
• Le juge d'instruction est un magistrat du siège qui est saisi des affaires pénales. Il rassemble les éléments du dossier et renvoie l'affaire devant le tribunal compétent. Il décide de la détention provisoire.
La réforme du Code de procédure pénale prévoit que dans les affaires graves ou délicates il ne soit plus seul. L'instruction peut être suivie par deux juges.
• Le juge de l'application (JAP) des peines intervient après le jugement pendant l'exécution de la peine et même après la sortie de prison.

● Les magistrats du parquet ou ministère public

▬ Ce sont les procureurs et les substituts. Ils réclament l'application de la loi devant les tribunaux, ils sont chargés de défendre la société. On les appelle magistrats du parquet, ils requièrent debout.

▬ Les procureurs dirigent la police judiciaire [*p. 70*] (police et gendarmerie), ils reçoivent les plaintes et veillent à l'exécution des décisions du tribunal. Nommés par le gouvernement, ils constituent un corps hiérarchisé soumis à l'autorité du Garde des Sceaux (ministre de la Justice).

LES AUXILIAIRES DE JUSTICE

■ Les avocats

Ce sont des auxiliaires de la justice.
Ils servent d'intermédiaire entre le plaideur et le juge.
Spécialistes du droit, ils conseillent soit en renseignant, soit en aidant à rédiger un acte, soit en cherchant un règlement amiable. Ils assistent le justiciable dans ses contacts avec les juridictions. Ils prennent la parole devant le tribunal et rédigent les actes qui exposent les points de vue du plaideur. Ils représentent le demandeur ou le défendeur et accomplissent les actes en leur nom.
L'ensemble des avocats établis près d'un tribunal de grande instance constitue le barreau. Son président élu est appelé bâtonnier. Il représente le barreau et instruit les réclamations contre un avocat effectuées par un tiers.

■ Les conciliateurs de justice

Ce ne sont pas des magistrats mais des personnes bénévoles nommées par le premier président de la cour d'appel. Leur mission est de favoriser et de constater le règlement à l'amiable de conflits qui leur sont soumis. (Consulter sur minitel 3615 *CONCILIATION*.)

■ Les huissiers

Les huissiers sont des officiers ministériels, placés sous l'autorité du Procureur de la République.
Ils portent à domicile les décisions de justice ou les assignations, ils font des constats à la demande des particuliers ou des magistrats. Ils pratiquent les saisies.
Dans le cas d'une saisie mobilière, l'huissier se présente au domicile muni du « titre exécutoire ». S'il y a des biens à saisir, il dresse un procès-verbal de saisie pour procéder à la vente par la suite. Dans le cas où il n'y a rien à saisir, il dresse un procès-verbal de carence.

■ Les greffiers

Ce sont des fonctionnaires chargés de l'administration des juridictions.
Ils conservent les scellés, l'argent consigné lors d'un procès et les archives.
Ils assistent aux audiences et gardent les traces de leur déroulement.
Ils consignent les interrogatoires menés par les juges d'instruction.
Ils tiennent les registres du tribunal et sont dépositaires des minutes, c'est-à-dire des originaux des jugements.
Ils délivrent des expéditions des jugements ou des arrêts.
On compte dans la justice française 1 617 greffiers en chef et 6 262 greffiers.

■ L'aide juridictionnelle

Elle permet à tout justiciable ne bénéficiant pas de ressources suffisantes d'obtenir une aide lors d'une action en justice. La demande doit être adressée au bureau d'aide juridictionnelle établi auprès du tribunal de grande instance. Cette aide, totale ou partielle, est revalorisée chaque année. En 2002, il faut justifier de ressources mensuelles (perçues en 2001) inférieures à 802 € pour une personne seule demandant l'aide totale, ou inférieures à 1 203 € pour l'aide partielle.

État

Vie politique

Administration

Collectivités locales

Justice

International

Le tribunal administratif

Le tribunal administratif juge les litiges entre l'Administration et les particuliers. Le particulier peut demander l'annulation d'une décision de l'Administration, c'est le recours en excès de pouvoir, ou demander réparation, c'est le recours en pleine juridiction.

● Qui juge ?

▬ Ce ne sont pas des magistrats, ce sont d'anciens élèves de l'École nationale d'Administration (ENA).

▬ Ils sont indépendants mais ne sont pas inamovibles [*p. 68*].

● Quelles affaires le tribunal administratif juge-t-il ?

Il juge : tout ce qui concerne une décision de l'Administration, la plupart des dommages entraînés par l'activité de l'Administration, tous les contrats passés par l'Administration, les litiges relatifs aux impôts directs, le contentieux des élections municipales et cantonales, les recours exercés contre les actes des personnes morales de droit public : État, département, commune…

● Quand recourir au tribunal administratif ?

Soit après, soit en l'absence d'une décision de l'Administration.

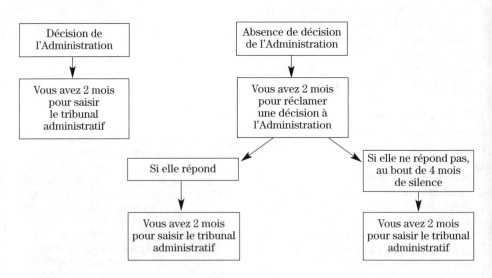

Cas particuliers : élections municipales ou cantonales, vous n'avez que 15 jours pour en contester les résultats.

LA PROCÉDURE

■ Avant l'action

Avant d'agir devant le tribunal administratif, deux solutions existent :
– le recours gracieux en s'adressant à l'Administration concernée ;
– le recours hiérarchique en s'adressant à l'autorité supérieure, par exemple au préfet pour la décision prise par le maire.

■ Comment engager l'action ?

Le tribunal compétent est celui du lieu du contentieux, par exemple le lieu du dommage ou le lieu où est situé un immeuble dans le cas d'un problème d'urbanisme. Dans les autres cas, il faut saisir le tribunal administratif dont dépend l'administration qui a pris la décision contestée.

Le tribunal est saisi par l'envoi d'une lettre recommandée dans laquelle on expose ses griefs et ses prétentions, c'est la requête.

Toute la procédure est écrite ; au moment de l'audience un juge (le commissaire du gouvernement) expose les faits et les arguments de chacun. Il s'appuie sur le dossier et présente ses conclusions au tribunal.

Il n'est pas chargé de défendre l'Administration, il doit éclairer le tribunal et peut conclure pour une condamnation de l'État.

Les juges, trois en général, se réunissent pour prendre une décision, et rendent leur jugement à une date qu'ils précisent à la fin de l'audience. Cette action, qui consiste à rendre un jugement non à l'issue de l'audience mais plus tard, s'appelle la mise en délibéré.

Le jugement est notifié aux intéressés par lettre recommandée.

■ Quelles peuvent être les décisions du tribunal ?

Le tribunal administratif peut annuler la décision de l'Administration si la loi n'a pas été respectée. Il peut aussi attribuer une indemnité pour réparer le dommage causé à quelqu'un par l'Administration.

■ Y a-t-il des voies de recours ?

Suivant le domaine concerné, le recours est possible soit devant les cours administratives d'appel, soit devant le Conseil d'État. Les cours administratives d'appel, créées en 1987 et mises en place en 1989, sont au nombre de 7 : Bordeaux, Douai, Lyon, Marseille, Nancy, Nantes et Paris. Elles jugent les recours contre les décisions des tribunaux administratifs sauf dans trois domaines qui sont réservés au Conseil d'État :
– le contentieux électoral (élections municipales et cantonales),
– l'appréciation de la légalité,
– l'excès de pouvoir en matière d'actes administratifs réglementaires.

■ La compétence administrative

À l'origine furent créés dans chaque département par la loi du 28 pluviose, an VIII, les conseils de préfecture. Ils furent transformés en conseils de préfecture interdépartementaux en 1926. Le décret du 30 septembre 1953 leur a donné l'appellation de tribunaux administratifs. À côté de compétences juridictionnelles, ils disposent de compétences administratives. Ils peuvent être appelés à donner leur avis sur des questions que leur soumettent les préfets.

État

Vie politique

Administration

Collectivités locales

Justice

International

Le Conseil d'État

Il fut créé par la Constitution de l'an VIII. Il siège au Palais-Royal. Le Conseil d'État participe ou aide par ses conseils à rédiger des projets de loi et de décrets. Le Conseil d'État est ensuite chargé de juger les litiges dans lesquels l'Administration est mise en cause. Il devient ainsi la juridiction suprême en matière administrative.

● Qui est membre du Conseil d'État ?

■ *Les membres du Conseil d'État* sont des fonctionnaires [p. 65] et non des magistrats, ils ne sont pas inamovibles. Il y a quatre grades parmi le personnel du Conseil d'État :
– Les auditeurs de seconde classe issus de l'École nationale d'Administration (ENA) et les auditeurs de première classe choisis parmi les précédents.
– Les maîtres des requêtes, 3/4 sont pris parmi les auditeurs, 1/4 vient de l'Administration.
– Les conseillers d'État, recrutés aux 2/3 parmi les maîtres des requêtes et 1/3 dans l'Administration.
– Il existe aussi des conseillers d'État en service extraordinaire, ils sont nommés pour une durée limitée par le gouvernement en raison de leurs compétences.
■ *Le Premier ministre* [p. 38] est le président du Conseil d'État, son suppléant est le ministre de la Justice. Ils assurent très rarement cette fonction qui est exercée par le vice-président du Conseil d'État.
■ *Les auditeurs et les maîtres des requêtes* préparent les dossiers qui seront ensuite examinés par les différentes formations du Conseil d'État.
■ *Les conseillers d'État* délibèrent et décident sur les affaires qui leur sont soumises.

● Quel est le rôle du Conseil d'État ?

Il a un double rôle, celui de conseil et celui de juge.
■ Un rôle de conseil pour les textes élaborés par le gouvernement [p. 40] (qui peut ne pas en tenir compte), un rôle consultatif sur l'interprétation d'un texte administratif. Il donne son avis sur des décisions d'intérêt public : association, naturalisation, changement de nom par exemple.
■ Le rôle juridictionnel est triple :
– Il juge en premier et dernier ressort certaines affaires importantes. Par exemple : contentieux des élections du Parlement européen, demande d'annulation d'un décret ou d'un acte réglementaire des ministres, etc.
– Il juge en appel les décisions des tribunaux administratifs dans les litiges relatifs aux élections municipales et cantonales.
– Il est juge de cassation de toutes les décisions des juridictions administratives statuant en dernier ressort notamment les cours administratives d'appel.

L'ORGANISATION DU CONSEIL D'ÉTAT

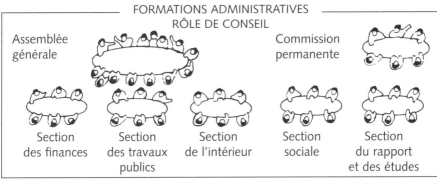

FORMATIONS ADMINISTRATIVES
RÔLE DE CONSEIL

Assemblée générale   Commission permanente

Section des finances — Section des travaux publics — Section de l'intérieur — Section sociale — Section du rapport et des études

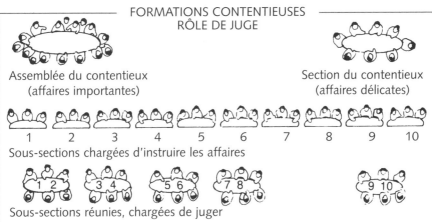

FORMATIONS CONTENTIEUSES
RÔLE DE JUGE

Assemblée du contentieux (affaires importantes)   Section du contentieux (affaires délicates)

1 2 3 4 5 6 7 8 9 10
Sous-sections chargées d'instruire les affaires

1 2   3 4   5 6   7 8   9 10
Sous-sections réunies, chargées de juger

Les décisions du Conseil d'État ne sont pas susceptibles de recours sauf cas exceptionnels.

■ Rôle du Conseil d'État et du Conseil constitutionnel

Un exemple : en 1991, le gouvernement dépose un projet de loi sur le statut de la Corse. Un article fait référence au « peuple corse ». Le Conseil d'État l'examine et conteste cette notion.

Le gouvernement le fait adopter par l'Assemblée. Cet article est jugé contraire à la Constitution par le Conseil constitutionnel.

■ La Cour des comptes

La Cour des comptes contrôle a posteriori les comptes de l'Administration. Elle vérifie la bonne utilisation de l'argent de l'État.

En cas d'irrégularité, elle forme une cour de discipline budgétaire et financière qui instruit les affaires et peut condamner à des amendes.

La Cour des comptes rédige un rapport annuel, dans lequel elle donne le résultat de ses vérifications et elle présente des suggestions pour améliorer les résultats des comptes publics.

État

Vie politique

Administration

Collectivités locales

Justice

International

Le tribunal d'instance

Le tribunal d'instance juge rapidement les affaires les plus simples entre les individus : litiges relatifs à des loyers, à des dettes, à des affaires de petits montants, par exemple. Le juge est unique. Des recours sont possibles en cas de contestation de sa décision.

Quelles affaires le tribunal d'instance juge-t-il ?

■ Le tribunal d'instance est compétent pour les litiges relatifs :
– aux loyers,
– à la saisie des rémunérations,
– à la tutelle des mineurs et des majeurs handicapés,
— aux affaires qui mettent en jeu des sommes inférieures à 7 600 €,
– au surendettement.

■ Le tribunal compétent est celui du domicile du défendeur sauf s'il s'agit d'un mineur ou d'un majeur incompétent, dans ce cas le tribunal est celui du domicile de la personne à protéger.

■ Le greffe du tribunal d'instance enregistre les PACS (Pacte civil de solidarité), après avoir vérifié leur légalité. Il délivre à chaque contractuel une attestation du PACS.

Qui juge au tribunal d'instance ?

■ Un juge unique, car les affaires sont simples et nécessitent une décision rapide. Souvent le juge cherchera à privilégier une conciliation entre les adversaires.

■ Les attributions du juge d'instance sont gracieuses lorsqu'il tente une conciliation entre les adversaires, elles sont contentieuses lorsqu'il tranche dans un procès.

Y a-t-il des recours contre la décision du juge d'instance ?

Il y en a quatre :
– l'opposition du défendeur absent et non représenté au procès ;
– la tierce opposition faite par une personne étrangère au procès mais qui peut être concernée par la décision ;
– l'appel [p. 132] si une des parties n'est pas satisfaite et que l'affaire porte sur une réclamation supérieure à 3 800 €. Le délai est d'un mois ;
– le pourvoi en cassation si l'une des parties estime que la procédure [p. 134] n'a pas été régulière et s'il n'est pas possible de faire appel en raison du montant du litige.

LES PROCÉDURES

Au tribunal d'instance, comment une affaire se déroule-t-elle ?
On peut soit se défendre seul, soit se faire représenter (la présence d'un avocat n'est pas obligatoire). Trois possibilités peuvent se présenter.

◼ Possibilité 1 : la conciliation

Le demandeur s'adresse au tribunal pour faire comparaître son adversaire. Le juge peut désigner un conciliateur ; le concilia-teur peut aussi intervenir dans un problème de mitoyenneté, de location et de copro-priété sur simple demande avant d'engager un conflit au tribunal.

◼ Possibilité 2 : le jugement

Si la conciliation échoue, le juge délivre la citation à comparaître devant le tribunal. À l'audience, le tribunal est informé de la nature du litige et des réclamations. Après avoir entendu les parties, le juge décide.

◼ Possibilité 3 : l'injonction de payer

Dans le cas d'une dette non payée, le créan-cier présente sa requête au juge. Si le juge estime la créance justifiée, il autorise l'in-jonction de payer (on demande au débiteur de payer sa dette).
L'injonction de payer est signifiée par exploit d'huissier ou par lettre recommandée du greffier.

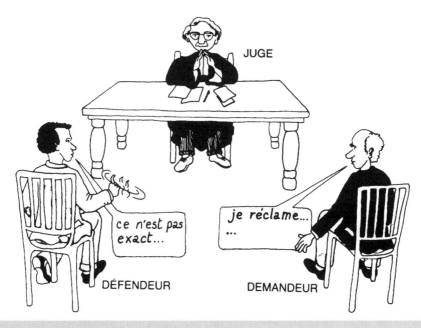

JUGE

ce n'est pas exact...

je réclame... ...

DÉFENDEUR   DEMANDEUR

◼ Pacte civil de solidarité (PACS)

• Deux personnes majeures peuvent conclure un PACS, quel que soit leur sexe. Pour cela, il faut se présenter, ensemble, au greffe du tribunal d'instance du domicile commun.
• Au 31 décembre 1999, 6 211 PACS ont été enregistrés (Paris : 1 462, Rennes : 497, Ver-sailles : 452, Douai : 358, Aix-en-Provence : 333…).
www.justice.gouv.fr

État

Vie politique

Administration

Collectivités locales

Justice

International

Le tribunal de grande instance

Il juge les affaires complexes sur le plan des personnes et sur celui des biens. Les audiences sont publiques, sauf dans le cas d'affaires familiales où le procès a lieu en chambre du conseil.

● Quelles affaires le tribunal de grande instance juge-t-il ?

▬ Le tribunal de grande instance est compétent pour les affaires relatives aux personnes : divorce, filiation, adoption, successions, nationalités, rectification d'état civil. Depuis 1993, le juge aux affaires familiales veille aux intérêts des mineurs et peut seul prononcer les divorces et règle le problème des pensions alimentaires et de la garde d'enfants. Il peut renvoyer l'affaire en audience collégiale. La prestation compensatoire en cas de divorce pourra être révisée.

▬ Il est également compétent pour certaines affaires relatives aux biens : droit de propriété, brevet d'invention, saisie d'immeubles, expropriation, malfaçons immobilières, affaires qui mettent en jeu des sommes supérieures à 7 600 €.

▬ Le tribunal compétent territorialement est toujours celui du défendeur sauf s'il s'agit d'un immeuble, d'une succession, d'un contrat ; le tribunal est alors celui du lieu où ils sont situés ou exécutés.
Ou il s'agit d'une pension alimentaire, le tribunal est alors celui du demandeur.

▬ La présence d'un avocat est obligatoire.

● Qui juge au tribunal de grande instance ?

▬ Trois juges, c'est une juridiction collégiale.

▬ Le président peut statuer sur le fond du litige en cas d'urgence, par une ordonnance de référé. Il est juge des référés.

▬ Le président peut satisfaire la requête d'une des parties, protéger les biens réclamés (par exemple). Il est alors juge des requêtes.

● Y a-t-il des recours contre la décision du tribunal de grande instance ?

Les voies de recours sont les mêmes que pour le tribunal d'instance [*p. 116*] : l'opposition, la tierce opposition, l'appel, le pourvoi en cassation.

● Où trouve-t-on un tribunal de grande instance ?

Il existe en France 186 tribunaux de grande instance : au moins un par département et un dans les arrondissements importants de Paris, Lyon ou Marseille.

LE DÉROULEMENT D'UNE AFFAIRE

Au tribunal de grande instance, comment une affaire se déroule-t-elle ?

■ Introduction de l'instance

L' assignation : le défendeur est mis au courant du contenu exact du litige et des réclamations faites par le demandeur ; cet acte rédigé par un huissier est appelé exploit d'huissier .

■ Instruction de l'affaire

La reproduction de l'acte d'assignation est remise au greffe.
Le greffier inscrit l'affaire au rôle et lui donne un numéro.
Le défendeur charge un avocat de le défendre, les parties échangent leurs prétentions et leurs conclusions.

■ Jugement

À l'audience, les avocats font connaître oralement leurs conclusions.

■ Le juge décide

Le greffier rédige l'original du jugement. Le jugement contient les noms des parties et le motif de la demande, les motifs ou « attendus » qui ont permis au juge de prendre sa décision, ainsi que les modalités d'exécution de la décision.
La première copie du jugement est envoyée aux avocats.
En cas de condamnation, elle est signifiée par huissier à la personne condamnée.

État

Vie politique

Administration

Collectivités locales

Justice

International

Le tribunal de police

Le tribunal de police juge les infractions appelées contraventions :
cueillir des fruits chez son voisin, stationner illégalement, laisser
divaguer des animaux par exemple. Les peines encourues sont des
amendes et des peines privatives ou restrictives de droit
(suspension du permis de conduire, travail d'intérêt général...).

● **Qui juge au tribunal de police ?**

■ C'est le juge d'instance, assisté d'un greffier [*p. 110*], qui décide seul en matière pénale.

■ Le ministère public est représenté par le procureur de la République [*p. 110*] ou un substitut.

● **Comment fonctionne le tribunal de police ?**

■ *La procédure normale* : celui qui a commis une contravention est convoqué devant le tribunal pour répondre aux accusations portées contre lui par le ministère public. Le contrevenant peut se faire représenter par un avocat.

■ *La procédure simplifiée* : l'ordonnance pénale. Le juge décide à partir du dossier. Lorsque la décision du juge a été communiquée au contrevenant, celui-ci a trente jours pour payer l'amende ou pour faire opposition ; dans cette dernière hypothèse, le juge revient à la procédure normale.

■ *L'amende forfaitaire* : elle concerne les contraventions les moins graves et les plus fréquentes (infractions au code de la route). Le contrevenant peut payer au moment où l'agent verbalise, ou régler par un timbre amende. Si on conteste la contravention, on revient à une procédure normale.

● **Y a-t-il un recours contre la décision du tribunal de police ?**

■ Les jugements sont, dans des cas bien précis, susceptibles d'appel [*p. 132*] dans les dix jours de la décision.

■ Sinon le pourvoi en cassation [*p. 134*] est possible dans les 5 jours.

● **Quels motifs pour une contravention ?**

Si les contraventions concernant la circulation routière sont les plus nombreuses, il existe également les contraventions pour infraction à la législation du travail, à la législation de la pêche et de la chasse, les contraventions pour blessures involontaires, les violences et voies de fait, les outrages envers un citoyen chargé d'un ministère public. Chaque année, environ 17 millions de procès-verbaux sont dressés en France.

L'ENQUÊTE ET L'INSTRUCTION

Dans quels cas est-on poursuivi par la justice pénale ?

On est poursuivi par la justice pénale après une enquête et une instruction.
L'enquête recherche qui a commis l'infraction. L'instruction tente à la fois d'éclairer les circonstances de l'infraction et la personnalité du responsable.

L'enquête

L'enquête est menée par la police judiciaire (police ou gendarmerie) placée sous l'autorité du procureur. Cette enquête est déclenchée soit après une plainte de la victime, soit après la constatation de l'infraction.

L'instruction par le juge d'instruction

L'instruction est facultative pour les contraventions, elle est obligatoire pour les crimes. Le juge d'instruction rassemble les renseignements sur la personnalité de l'inculpé et recherche des preuves. Les perquisitions nocturnes sont interdites de 21h à 6h sauf cas de terrorisme (janvier 1997). Il peut désigner des experts et nommer des commissions rogatoires (faire procéder à des perquisitions ou à des saisies). Le juge d'instruction délivre également les mandats d'arrêt et décide de la détention provisoire.
Lorsque l'instruction est terminée, il renvoie l'affaire devant la juridiction compétente.

Garde à vue et présomption d'innocence (juin 2000)

• Une personne, suspectée d'avoir commis une infraction, peut être retenue pendant 24 heures maximum par un officier de police judiciaire.
• Le Procureur de la République, qui doit en être informé, peut faire prolonger la garde à vue de 24 heures maximum.

• Les magistrats du parquet surveillent l'exécution de la garde à vue, strictement réglementée par la loi.
• Une personne gardée à vue a le droit au silence et celui de prévenir sa famille ou de s'entretenir avec un avocat dès la première heure de garde à vue.
• La garde à vue peut durer jusqu'à 4 jours pour certaines infractions, comme le trafic de stupéfiants ou le terrorisme.

L'instruction par la Chambre des mises en accusation

En cas de renvoi devant la cour d'assises, il y a vérification d'instruction, devant la Chambre des mises en accusation. Elle confirme la juridiction qui doit juger.
Si les preuves sont insuffisantes, la Chambre des mises en accusation peut délivrer un non-lieu ; au contraire si les preuves sont concordantes, elle délivre un arrêt de mise en accusation : l'inculpé devient accusé.
La Chambre des mises en accusation est l'organisme d'appel des décisions du juge d'instruction.

La justice pénale : caractéristiques

• Elle juge toutes les infractions, c'est-à-dire les actes qui sont interdits par le Code pénal. Il y a trois catégories :
– les *contraventions* (non respect du code de la route),
– les *délits* (vol sans arme),
– les *crimes* (viol, meurtre).
Les contraventions sont jugées par le tribunal de police, les délits par le tribunal correctionnel, les crimes par la cour d'assises.
• Il y a une double action : l'action publique qui doit punir et l'action civile qui doit réparer. Le ministère public réclame une punition au nom de la société, c'est l'action publique.
La partie civile réclame pour la victime ou sa famille la réparation du dommage, c'est l'action civile.

État

Vie politique

Administration

Collectivités locales

Justice

International

Le tribunal correctionnel

Le tribunal correctionnel juge les infractions appelées délits : le vol, l'escroquerie, délit de fuite par exemple. La juridiction n'est plus collégiale. La peine encourue au tribunal correctionnel peut aller jusqu'à cinq ans d'emprisonnement, dix ans en cas de récidive.

● Comment le tribunal correctionnel est-il saisi ?

■ Par le juge d'instruction [*p. 110*] après l'enquête et l'instruction.
■ Par le procureur après une plainte ou un flagrant délit.
■ Par la victime si les preuves sont suffisantes pour que l'affaire ne réclame pas d'instruction.

● Quel est le tribunal correctionnel qui va juger ?

■ Le tribunal correctionnel sur le territoire duquel le délit a été commis.
■ Cependant d'autres tribunaux correctionnels peuvent être saisis : celui dont dépend le domicile du prévenu, celui du lieu de l'arrestation, celui du lieu de l'emprisonnement de l'inculpé.

● Qui juge au tribunal correctionnel ?

Depuis mars 1995, il n'y a qu'un seul juge pour la plupart des affaires.
Le ministère public est représenté par le procureur [*p. 110*] ou un substitut.

● Quelle est la procédure au tribunal correctionnel ?

■ 1. Le prévenu est interrogé sur son identité et sur les circonstances dans lesquelles l'acte a été commis.
■ 2. Le ministère public présente les preuves, ensuite le président écoute et interroge les témoins.
■ 3. On écoute ensuite la plaidoirie de la partie civile (si elle existe), puis intervient le procureur (ou le substitut) ; il réclame une peine ou tout simplement l'application de la loi, c'est-à-dire la peine inscrite au Code pénal pour le délit en cause. Enfin l'avocat de la défense tente d'expliquer et d'excuser le prévenu.
■ 4. Le juge rend le jugement. La sentence est prononcée par le juge, elle est motivée et rendue publiquement. Les procès du tribunal correctionnel sont publics.

● La Cour de Justice de la République

■ La Cour de Justice de la République (CJR) est une juridiction d'exception pour les ministres.
■ Elle a été créée en juillet 1993 afin de mettre en œuvre la responsabilité pénale des ministres dans l'exercice de leurs fonctions.
■ Inspirée du fonctionnement du tribunal correctionnel, elle comprend trois magistrats professionnels issus de la Cour de cassation et de douze parlementaires (six députés, six sénateurs).

LA NATURE DES INFRACTIONS JUGÉES PAR LES TRIBUNAUX CORRECTIONNELS

▪ Les infractions contre les biens

- le vol
- l'escroquerie
- l'abus de confiance
- le chantage
- le recel
- l'émission de chèques sans provision
- les violences contre les animaux

▪ Les infractions contre les personnes

- l'homicide involontaire (cas d'accident de la route)
- les coups et blessures volontaires
- la maltraitance des enfants
- la séquestration de personnes
- la non-représentation d'enfants
- le proxénétisme

▪ Les infractions contre la chose publique

- la fraude électorale
- le bris de scellés
- le faux en écriture

- la violence sur la personne d'un officier ministériel ou d'un fonctionnaire
- la dégradation d'un monument public
- l'usurpation de titre ou de fonction

▪ Le casier judiciaire

Toutes les condamnations sont inscrites sur un fichier national, le casier judiciaire. Il existe trois types d'extraits :
- le bulletin n° 1 contient toutes les condamnations : il est destiné aux autorités judiciaires ;
- le bulletin n° 2 ne comporte que certaines condamnations ; il est destiné à l'Administration ;
- le bulletin n° 3 comporte les condamnations à plus de deux ans d'emprisonnement et certaines interdictions, déchéances ou interdiction d'exercer une activité en contact avec des mineurs, c'est celui qui vous est envoyé.
Pour obtenir un extrait de votre casier judiciaire, il faut le demander au Casier judiciaire national, 107 rue du Landreau, 44079 Nantes cedex 01 ou directement par Internet : www.justice.gouv.fr.
On peut consulter le contenu intégral de son propre casier judiciaire en s'adressant au Procureur de la République de son domicile mais aucune copie n'est délivrée.

État

Vie politique

Administration

Collectivités locales

Justice

International

La cour d'assises

Il y a une cour d'assises par département, elle juge les crimes, après un arrêt de renvoi de la Chambre des mises en accusation.
La cour d'assises ne siège pas en permanence, elle siège par session, souvent trimestrielle. La procédure du procès et sa préparation sont complexes.

● Qui juge en cour d'assises ?

Trois juges professionnels (la cour), assistés de neuf citoyens tirés au sort (le jury).

● Comment peut-on devenir juré ?

■ Une liste préparatoire est établie par le maire [p. 96], après un tirage au sort sur la liste électorale de la commune. Mais il faut avoir plus de 23 ans, savoir lire et écrire, ne pas avoir été condamné, ni exercer une activité incompatible (policier, député, etc.).

■ À partir des listes préparatoires, une commission établit une liste annuelle. Sur cette liste, le président du TGI de la ville où siège la cour d'assises tire au sort le jury d'assises composé de 35 jurés titulaires et de 10 suppléants, 30 jours avant le début de la session : c'est la liste de session.

■ Le préfet avertit les jurés désignés 15 jours avant l'ouverture de la session. Ces jurés sont convoqués pour le début de la session. Le juré, ainsi désigné, doit se rendre à la convocation sous peine d'amende. (Des dispenses sont accordées dans certains cas : âge, maladie, voyage, ou bien si l'on a déjà été juré.)

● Comment se prépare un procès aux assises ?

La gravité des infractions jugées aux assises rendent la procédure du procès et de sa préparation complexe.

■ Avant l'audience :
Le président rend visite à l'accusé. Il le prévient des charges retenues contre lui. Il l'interroge et s'assure qu'il bénéficie d'un avocat.

■ Au début de l'audience :
Le président tire au sort, à partir de la liste de session, les neuf jurés et leur fait prêter serment : la défense peut récuser 5 jurés et l'accusation 4. Il fait l'appel des témoins qui se retirent pour ne paraître que lorsqu'ils sont appelés.

● Quelle réforme pour les verdicts de cour d'assises ?

Le principe d'une procédure d'appel est acquis. Il est appliqué depuis janvier 2001. Le jury sera alors composé de 12 membres (contre 9 en première instance).

L'AUDIENCE

Cour d'assises

LA COUR
PRÉSIDENT

amende, prison 15 ans, réclusion à perpétuité, dégradation civique

JURÉS
(tirés au sort)

ASSESSEUR

ASSESSEUR

JURÉS
(tirés au sort)

GREFFIER

GENDARMES

ACCUSÉ

AVOCAT
GÉNÉRAL

HUISSIER

AVOCAT
de l'accusé

assassinat, trafic de drogue, fausse monnaie...

AVOCAT
de la partie civile

✦ Le déroulement de l'audience

Le greffier lit l'arrêt de renvoi, c'est-à-dire l'acte d'accusation.

Le président interroge l'accusé sur son identité, son passé.

Le président entend ensuite les témoins et les experts qui jurent de « dire la vérité ».

L'avocat de la partie civile plaide.

Le ministère public (avocat général) requiert et demande une peine.

L'avocat de l'accusé plaide pour tenter de diminuer ou d'excuser la faute.

Le président lit la liste des questions auxquelles la cour et le jury devront répondre, ceux-ci se retirent pour délibérer.

✦ Les délibérations

La cour et le jury se retirent pour décider si l'accusé est coupable et s'il a des circonstances atténuantes.

Les délibérations ont lieu à huis clos, elles doivent rester secrètes même après le procès.

✦ La sentence

Après les délibérations, le président lit ce qui a été décidé :

– La culpabilité (8 voix contre 4 sont nécessaires).

– La peine (décidée à la majorité simple).

– Les dommages et intérêts accordés à la victime (décidés uniquement par la cour).

– La condamnation peut aller jusqu'à la réclusion à perpétuité. La peine de mort a été abolie en France, en 1981.

État

Vie politique

Administration

Collectivités locales

Justice

International

La justice et les mineurs

Les enfants et les adolescents de moins de 18 ans ont leur justice propre. Il s'agit d'assurer la protection des mineurs, de sanctionner les actes de délinquance et d'aider les jeunes à surmonter leurs difficultés par un suivi éducatif.

● Que faire si un mineur est en danger ?

■ Un mineur est considéré en danger s'il est maltraité physiquement ou moralement, si son environnement ne permet pas un bon développement physique ou psychologique.

■ Toute personne qui connaît un jeune en difficulté peut le signaler au service d'aide à l'enfance du département, à une assistance sociale, au procureur de la République du TGI, aux services de police ou de gendarmerie.

■ Deux dispositifs de protection de l'enfance peuvent intervenir : l'aide sociale à l'enfance, qui intervient avec l'accord écrit des parents, ou la justice, avec le juge pour enfants saisi par le parquet.

● Que risque un mineur auteur d'une infraction pénale ?

■ Si un jeune commet une infraction, il peut être poursuivi pénalement, mais seulement après une enquête appelée information préalable.

■ C'est le parquet qui décide d'engager ou non des poursuites pénales.

■ Dans tous les cas, le mineur doit être assisté d'un avocat.

■ En cas de poursuites, le parquet saisit le juge pour enfants. Selon la gravité de l'affaire, le juge pour enfants décide de juger le jeune seul dans son cabinet, après avis du parquet ou de renvoyer l'affaire devant le tribunal pour enfants.

■ Le juge ne peut que prononcer des mesures éducatives : admonestation, remise à parents, tuteur, réparation, liberté surveillée, placement éducatif, mise sous protection judiciaire.

■ Le tribunal pour enfants siège à huis clos. Il est composé du juge pour enfants et de deux assesseurs, citoyens choisis pour l'intérêt qu'ils portent à l'enfance. Sont présents un représentant du parquet, le greffier.

■ Seul le tribunal pour enfants ou la cour d'assises des mineurs peuvent prononcer une peine de prison.

■ La cour d'assises des mineurs juge les enfants âgés d'au moins 16 ans, accusés de crime.

LE FONCTIONNEMENT DE LA JUSTICE PÉNALE DES MINEURS

La procédure d'assistance éducative

(Protection des mineurs en danger)

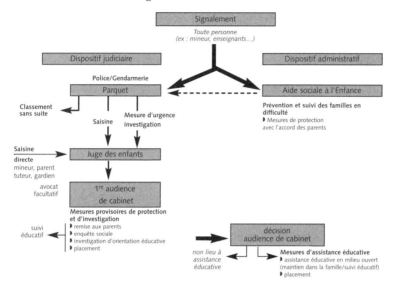

La procédure pénale

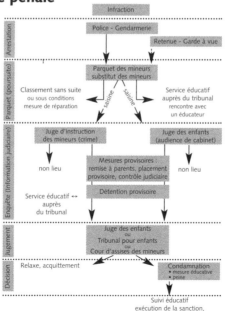

La justice des mineurs, ministère de la Justice

État

Vie politique

Administration

Collectivités locales

Justice

International

Le tribunal de commerce

Les tribunaux de commerce sont uniquement compétents pour les affaires commerciales. Les juges sont des commerçants élus par d'autres commerçants. La justice est rendue plus rapidement que devant le tribunal d'instance. Certains TGI ont la compétence commerciale en l'absence de tribunal de commerce.

● Quelles affaires le tribunal de commerce juge-t-il ?

▬ Les litiges entre commerçants dans l'exercice de leur commerce : contestation sur la conformité d'une marchandise, sur son prix, sur le délai de livraison, par exemple.

▬ Les litiges concernant les actes de commerce par nature, contestations sur la signature d'un effet de commerce : lettre de change, billet à ordre, par exemple.

▬ Les litiges concernant les actes de commerce par accessoire, contestations sur une transaction de nature civile, vente, location-gérance engagée pour un commerce, par exemple.

● Quelle est la procédure suivie ?

▬ *La saisie du tribunal*

• Le demandeur dépose au greffe une assignation qui informe l'adversaire qu'il va y avoir une action contre lui devant le tribunal.

• Les adversaires déposent au greffe une requête conjointe dans laquelle ils exposent leurs désaccords.

▬ *Le procès*

• Si le dossier est complet, l'affaire est jugée à l'audience la plus proche.

• Si le dossier est insuffisant, un juge rapporteur est désigné pour mettre l'affaire en état, c'est-à-dire compléter le dossier.

• Le procès commercial ressemble à un procès civil.

Il y a assignation du défendeur, puis comparution devant le tribunal, soit en étant présent, soit en se faisant représenter par une personne de son choix ou un avocat [p. 110]. La procédure est orale, le demandeur fait connaître ses prétentions contenues dans l'assignation, le défendeur répond par des arguments oraux ou par écrit. Après avoir écouté, les juges rendent leur jugement.

● Y a-t-il un recours contre la décision du tribunal ?

▬ Jusqu'à 3 800 euros, le jugement est rendu en dernier ressort, c'est-à-dire qu'il n'est pas susceptible d'appel, seul le pourvoi en cassation est possible.

▬ Au-delà de 3 800 euros, le jugement est rendu en premier ressort, c'est-à-dire que l'on peut faire appel devant la chambre civile de la cour d'appel [p. 132].

● Quelle réforme pour les tribunaux de commerce ?

▬ Le ministère de la Justice relance la réforme des tribunaux de commerce (mai 2000). Ce projet vise à assainir les procédures de redressement et de liquidation.

▬ Des magistrats professionnels devraient siéger aux côtés des juges élus.

LES JUGES DU TRIBUNAL DE COMMERCE

Les juges, appelés juges consulaires, sont élus pour deux ans ou quatre ans parmi les commerçants.

Pour être électeur : il faut être inscrit au registre du commerce.

Pour être éligible : il faut avoir plus de 30 ans, être inscrit au registre du commerce depuis plus de 5 ans.

Le président du tribunal de commerce est élu pour trois ans

Magistrats élus tous les deux ans

Délégués consulaires

Membres et anciens membres des tribunaux de commerce

Membres et anciens membres des chambres de commerce et d'industrie

Les juges consulaires sont assistés d'un greffe, mais le greffier exerce une profession libérale, ce n'est pas un fonctionnaire mais un officier public (comme un huissier).

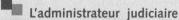 **L'administrateur judiciaire**

Il a pour mission de surveiller, d'assister ou de représenter le chef d'entreprise en cas de redressement judiciaire. Il établit le bilan de l'entreprise et propose une solution au tribunal : continuation, cession ou liquidation de l'entreprise.

État

Vie politique

Administration

Collectivités locales

Justice

International

Le conseil de prud'hommes

Le conseil de prud'hommes est un tribunal spécialisé chargé de résoudre les conflits individuels, issus du contrat de travail. Il siège auprès de chaque TGI. Il en existe 271.

● **Quelle est la compétence du conseil de prud'hommes ?**

■ Elle dépend du contenu. Le conseil de prud'hommes juge les litiges individuels nés à l'occasion du contrat de travail (droit privé ou d'apprentissage) : le paiement des indemnités après la rupture du contrat, le licenciement abusif, les problèmes de délai congé, de congés payés, d'heures supplémentaires, la restitution des documents permettant de s'inscrire à l'ANPE et de bénéficier des ASSEDIC. Il juge aussi les différends nés de la non-exécution du contrat d'apprentissage.

■ Elle dépend du territoire. Le prud'homme est celui du lieu de travail.
Si le travail est effectué en dehors de tout établissement ou à domicile, la demande est portée devant le conseil du domicile du salarié.
Le salarié peut toujours saisir le conseil du lieu où l'engagement a été contracté ou celui du siège social de l'entreprise qui l'emploie.

■ La section (industrie, commerce, agriculture, activités diverses, encadrement) est celle qui correspond à l'activité professionnelle du demandeur. La compétence de la section est déterminée d'après le code APE (= activité principale de l'entreprise) qui figure sur le bulletin de paye.

● **Qui juge au conseil de prud'hommes ?**

■ Les juges, appelés conseillers prud'hommes, sont élus pour cinq ans au scrutin de liste proportionnel [*p. 26*], les uns par les salariés, les autres par les employeurs. Ils siègent en nombre égal : c'est un tribunal paritaire (prochaine élection en décembre 2002).
• Pour être électeur, il faut : avoir plus de 16 ans, exercer une activité professionnelle (avoir un contrat de travail ou d'apprentissage).
• Pour être éligible, il faut : avoir plus de 21 ans, être de nationalité française, être inscrit sur les listes prud'homales.

■ Le conseil de prud'hommes est composé de cinq sections avec chacune huit conseillers (quatre employeurs et quatre salariés). En assemblée générale, le conseil élit pour un an le président et le vice-président général. Les présidents et vice-présidents de section sont également élus pour un an, alternativement employeur et salarié.

● **Quelles sont les voies de recours ?**

Le taux de compétence en dernier ressort est de 3 720 €. Au-delà, l'appel est possible.
Le délai d'appel est indiqué sur la notification du jugement.

L'ORGANISATION ET LA PROCÉDURE

▪ Organisation d'un conseil de prud'hommes

 Salarié Employeur

| Section de l'industrie | Section du commerce | Section de l'agriculture | Section activités diverses | Section de l'encadrement |

Assemblée générale du conseil

Président général
Vice-président général
(élus pour un an, alternativement
un salarié ou un employeur)

▪ La procédure

En cas d'urgence, le conseil décide dans un délai très court. C'est le référé prud'homal qui permet par exemple d'obtenir le paiement de salaire, les documents permettant de s'inscrire à l'ANPE et de toucher les indemnités de chômage.

Après une demande auprès du greffe du conseil, les parties sont convoquées pour une conciliation qui se déroule devant un conseiller prud'homme salarié et un conseiller prud'homme employeur et le greffier qui est un fonctionnaire. Salariés, apprentis ou employeurs peuvent se faire assister d'un délégué, du conjoint ou d'un avocat. En cas d'échec, l'affaire est renvoyée devant le bureau de jugement.

L'audience de jugement a lieu devant deux conseillers salariés, deux employeurs et le greffier. Les parties doivent être présentes ou se faire représenter, par un avocat, un délégué syndical, ou en cas de motif légitime, le conjoint mais en aucun cas le concubin. S'il y a partage des voix, on fait appel au juge d'instance pour trancher : il est le juge départiteur.

État

Vie politique

Administration

Collectivités locales

Justice

International

La cour d'appel

La partie qui s'estime lésée, par le jugement rendu en premier ressort, peut porter le litige devant une juridiction supérieure, la cour d'appel, pour obtenir une décision plus favorable. L'appel sera désormais possible après un procès en assises.

● Quelles sont les conditions de l'appel ?

	DANS UN PROCÈS CIVIL	DANS UN PROCÈS PÉNAL
Après quelle décision peut-on faire appel ?	Après un jugement rendu en premier ressort (litige supérieur à 3 800 euros).	• Après une condamnation à plus de 5 jours de prison. • Après une condamnation en cour d'assises.
Dans quel délai ?	1 mois après le jugement. 15 jours pour le référé.	10 jours après la condamnation. 2 mois si l'appel vient du procureur.
Par qui ?	Celui qui s'estime lésé.	Accusé ou victime ou ministère public.
Quels sont les effets de l'appel ?	L'exécution du jugement est suspendue.	
L'appel est-il toujours possible ?	Non si le montant des réclamations est inférieur à 3 800 euros	Oui après un arrêt de la cour d'assises. (depuis janvier 2001)

● Quelle est la procédure ?

▬ Le déroulement du procès est identique à celui suivi devant le tribunal de grande instance [p. 118].

▬ Au civil, il faut un avoué qui rédige les actes et un avocat qui plaide et qui conseille.

▬ On reprend toute l'affaire. Les parties peuvent introduire de nouvelles demandes.

● Quelle peut être la décision ?

▬ La décision s'appelle un arrêt d'appel. Elle peut, soit confirmer le jugement précédent, soit aggraver ou diminuer la responsabilité, la peine ou l'amende.

▬ Le jugement est rendu en dernier ressort, seul le pourvoi en cassation [p. 134] est possible.

L'ORGANISATION D'UNE COUR D'APPEL

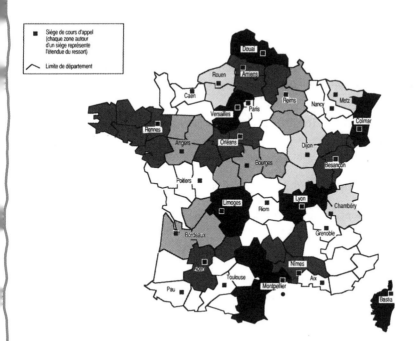

Siège de cours d'appel
(chaque zone autour
d'un siège représente
l'étendue du ressort)

Limite de département

L'organisation

La cour d'appel se divise en chambre civile, chambre correctionnelle et chambre sociale (appel pour les juridictions spécialisées). La Chambre des mises en accusation est une chambre de la cour d'appel.

En audience ordinaire, la chambre est formée par trois magistrats, elle en comporte cinq pour les affaires civiles renvoyées devant la cour d'appel par la Cour de cassation.

Le premier président et les magistrats de la cour d'appel sont appelés conseillers de cour d'appel.

Les régions judiciaires

Il y a trente cours d'appel en France métropolitaine, elles regroupent plusieurs départements, mais le découpage est différent de celui des régions, ce sont les régions judiciaires.

Y a-t-il d'autres recours que l'appel ?

La tierce opposition : c'est un recours peu fréquent fait par une personne qui n'était ni demandeur ni défendeur mais qui peut être concernée par la décision du juge. On recommence le procès.

L'opposition : la partie absente ou non représentée demande au tribunal qui a rendu un jugement que l'affaire soit à nouveau jugée. Il faut que l'absent ait une excuse valable et qu'il ne soit pas possible de faire appel. Le délai pour présenter l'opposition est de 1 mois pour les juridictions civiles, de 10 jours pour les juridictions pénales.

Lorsque l'opposition est acceptée par le tribunal, on reprend complètement le procès.

État

Vie politique

Administration

Collectivités locales

Justice

International

La Cour de cassation

Elle ne juge pas le fond, c'est-à-dire les arguments développés, elle juge la forme, c'est-à-dire le jugement et les arrêts d'une affaire. Saisie par une des parties d'un procès, la Cour de cassation peut casser les décisions d'un tribunal et renvoyer l'affaire devant un tribunal identique.

● **Quelle est l'organisation de la Cour de cassation ?**

▬ Un premier président, six présidents de chambre et quatre-vingt quatre conseillers participent aux jugements. Ils sont assistés de conseillers référendaires qui préparent les dossiers.

▬ Un procureur général [*p. 110*], assisté d'avocats généraux, représente le ministère public.

▬ Les conseillers sont répartis en six chambres : trois chambres civiles, deux chambres civiles spécialisées (l'une commerciale, l'autre sociale), une chambre criminelle.

● **Quelles conditions réunir pour se pourvoir en cassation ?**

▬ La Cour de cassation peut être saisie par toutes les parties d'un procès, même par le procureur général de la Cour de cassation quand il estime qu'une décision, non contestée, est contraire à la loi ou à l'intérêt général.

▬ Le délai pour présenter un pourvoi est de cinq jours pour la justice pénale (cour d'assises) et de deux mois pour la justice civile.

● **Quelle peut être la décision de la Cour de cassation ?**

▬ Si la Cour de cassation trouve qu'il n'y a rien d'anormal dans la décision, elle rend un arrêt de rejet du pourvoi.

▬ Si elle trouve la réclamation justifiée, elle rend un arrêt qui annule le jugement et renvoie l'affaire devant une juridiction de même nature.

● **Le procès en révision**

▬ Si toutes les possibilités de recours sont épuisées, on peut dans des circonstances exceptionnelles demander qu'une décision soit annulée et que l'affaire soit rejugée.

▬ La révision est possible si l'on découvre de nouveaux éléments de preuve ou une fraude.

▬ Le délai est de deux mois après la découverte de l'élément nouveau. La Cour de cassation examine si la demande est fondée pour un nouveau jugement.

▬ Un recours ultime est possible auprès de la Commission européenne des droits de l'homme.

La procédure

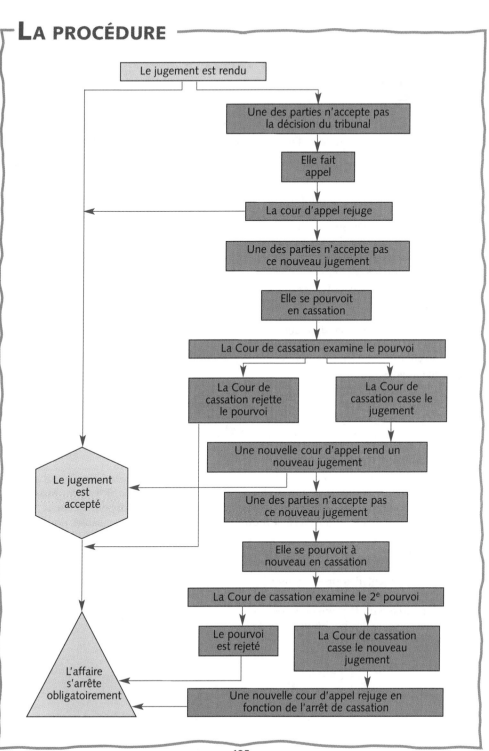

Le jugement est rendu

Une des parties n'accepte pas la décision du tribunal

Elle fait appel

La cour d'appel rejuge

Une des parties n'accepte pas ce nouveau jugement

Elle se pourvoit en cassation

La Cour de cassation examine le pourvoi

La Cour de cassation rejette le pourvoi

La Cour de cassation casse le jugement

Une nouvelle cour d'appel rend un nouveau jugement

Le jugement est accepté

Une des parties n'accepte pas ce nouveau jugement

Elle se pourvoit à nouveau en cassation

La Cour de cassation examine le 2ᵉ pourvoi

Le pourvoi est rejeté

La Cour de cassation casse le nouveau jugement

L'affaire s'arrête obligatoirement

Une nouvelle cour d'appel rejuge en fonction de l'arrêt de cassation

État

Vie politique

Administration

Collectivités locales

Justice

International

L'Union européenne : grandes dates

Créée en 1993, l'Union européenne, qui comprend 15 pays, a besoin d'une volonté politique claire pour trouver les réformes institutionnelles nécessaires à l'adhésion de 12 ou 13 pays candidats.

● Une construction progressive au cours des 50 dernières années

■ *1951 : La CECA (Communauté européenne du charbon et de l'acier)*
Le 9 mai 1950, le ministre français des Affaires étrangères, Robert Schuman, définit les objectifs du plan qui porte son nom.
Le traité de Paris du 18 avril 1951 donne naissance à la CECA. La Belgique, la République fédérale d'Allemagne, l'Italie, le Luxembourg, la France et les Pays-Bas mettent en commun les ressources de base : le charbon et l'acier.

■ *1957 : l'Europe des Six*
Le traité de Rome du 27 mars 1957 institue la Communauté économique européenne (CEE). L'Europe des Six est créée.

■ *De 1973 à 1986* : élargissement de l'Europe des six à douze pays.

■ *1993 : Union européenne*
Le 1er novembre, la CEE prend le nom d'Union européenne (UE) et regroupe 340 millions de citoyens européens.

■ *1995 : L'Europe des Quinze*
Le 1er janvier, intégration à l'UE de l'Autriche, de la Finlande et de la Suède.

■ *2002 : passage à l'euro*
L'euro devient la devise européenne pour 12 États membres [*p. 138*].

● Vers une Europe élargie

L'adhésion des pays candidats (Bulgarie, République tchèque, Estonie, Chypre, Lettonie, Lituanie, Hongrie, Malte, Pologne, Roumanie, Slovénie, Slovaquie, Turquie) implique une certaine stabilité et la paix dans ces pays, leur développement social, économique et humain et les moyens institutionnels et politiques indispensables pour fonctionner à 27 États.

● Une adaptation nécessaire des institutions

Le fonctionnement des institutions a été conçu, à l'origine, pour 6 États membres. Malgré l'élargissement à 15 États, aucune réforme n'a été entreprise, à l'exception de l'élection directe du Parlement européen en 1979. Une convention est chargée de préparer une réforme des institutions [*p. 141*].

L'EUROPE DES QUINZE

Pays	Capitale	Superficie (en milliers de km²)	Habitants (en millions)	Densité (hab./km²)
Allemagne	Berlin	84	82	230
Autriche	Vienne	30	8,1	96,6
Belgique	Bruxelles	43	10,2	334
Danemark	Copenhague	505	5,3	123
Espagne	Madrid	338	39,4	78
Finlande	Helsinki	548	5,2	15,4
France	Paris	132	60	107
Grèce	Athènes	70	10,5	79,6
Irlande	Dublin	301	3,7	52,6
Italie	Rome	2,5	57,7	192
Luxembourg	Luxembourg	42	0,42	166
Pays-Bas	Amsterdam	92	15,8	387
Portugal	Lisbonne	357	10	109
Royaume-Uni	Londres	244	59,4	243
Suède	Stockholm	450	8,9	19,8

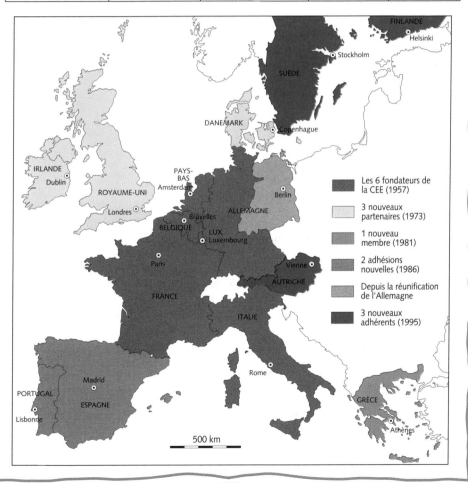

Les 6 fondateurs de la CEE (1957)

3 nouveaux partenaires (1973)

1 nouveau membre (1981)

2 adhésions nouvelles (1986)

Depuis la réunification de l'Allemagne

3 nouveaux adhérents (1995)

État
Vie politique
Administration
Collectivités locales
Justice
International

Les interventions de l'Union européenne

L'idée du traité de Rome est d'associer les économies des États de l'Union européenne dans un espace économique, capable de se mesurer face à l'hégémonie américaine.

● Les principales dispositions du traité de Rome

■ L'élimination, entre les États membres, des droits de douane en 1977.
■ L'établissement d'un tarif douanier commun entre chaque pays de l'UE et les États qui ne font pas partie de l'UE.
■ La libre circulation des personnes, des services et des capitaux.

● Des secteurs d'intervention

La Communauté économique européenne a mis en place des politiques visant à :
– garantir la concurrence entre les entreprises. Une entreprise ne doit pas bénéficier d'une aide gouvernementale qui lui permettrait de vendre moins cher alors que les entreprises concurrentes ne bénéficieraient pas des mêmes avantages ;
– favoriser l'amélioration des conditions de vie et d'emploi ;
– soutenir les régions en difficulté ;
– unifier les droits sociaux dans les différents États ;
– garantir l'égalité des chances entre hommes et femmes ;
– protéger l'environnement.

● Les finances

■ L'Union européenne dispose de ressources financières :
– un pourcentage sur les TVA [*p. 63*] nationales ;
– les droits de douane et les prélèvements sur les marchandises importées des pays non membres de l'Union.
■ Le budget de l'Union sert à financer la politique agricole, la politique régionale et la politique sociale.
■ Le Fonds européen de développement ou FEDER, créé en 1974, vise à corriger les déséquilibres régionaux à l'intérieur de l'Union européenne en complétant, par une aide, les actions nationales.
■ Le Fonds social européen ou FSE créé en 1958 vise à promouvoir la mobilité des travailleurs au sein de l'Union.

● La devise européenne : le deuxième pôle monétaire mondial

■ Depuis 1999, l'euro facilite le commerce entre les pays membres et supprime les crises monétaires intra-européennes.
■ L'Union économique et monétaire (UEM), créée par le traité de Maastricht en 1992, regroupe douze pays (le Royaume-Uni, le Danemark et la Suède ont choisi de rester à l'écart). La devise européenne constitue le deuxième pôle monétaire mondial en incluant dans sa zone d'influence les pays d'Europe centrale et orientale, et ceux d'Afrique centrale.

LA CHARTE DES DROITS FONDAMENTAUX DE L'UNION EUROPÉENNE

Proclamée le 7 décembre 2000 à Nice, la charte reprend en un texte unique l'ensemble des droits civiques, politiques, économiques et sociaux des citoyens européens ainsi que de toutes personnes vivant sur le territoire de l'Union européenne.
Ces droits sont regroupés en six chapitres. Chaque chapitre comprend plusieurs articles.

Chapitre I : dignité

Dignité humaine ; droit à la vie ; droit à l'intégrité de la personne ; interdiction de la torture et des peines ou traitements inhumains ou dégradants ; interdiction de l'esclavage et du travail forcé.

Chapitre II : libertés

Droit à la liberté et à la sûreté ; respect de la vie privée et familiale ; protection des données à caractère personnel ; droit de se marier et droit de fonder une famille ; liberté de pensée, de conscience et de religion ; liberté d'expression et d'information ; liberté de réunion et d'association ; liberté des arts et des sciences ; droits à l'éducation ; liberté professionnelle et droit de travailler ; liberté d'entreprise ; droit de propriété ; droit d'asile ; protection en cas d'éloignement, d'expulsion et d'extradition.

Chapitre III : égalité

Égalité en droit ; non-discrimination ; diversité culturelle, religieuse et linguistique ; égalité entre hommes et femmes ; droits de l'enfant ; droits des personnes âgées ; intégration des personnes handicapées.

Chapitre IV : solidarité

Droit à l'information et à la consultation des travailleurs au sein de l'entreprise ; droit de négociation et d'actions collectives ; droit d'accès aux services de placement ; protection en cas de licenciement injustifié ; conditions de travail justes et équitables ; interdiction du travail des enfants et protection des jeunes au travail ; vie familiale et vie professionnelle ; Sécurité sociale et aide sociale ; protection de la santé ; accès aux services d'intérêt économique général ; protection de l'environnement ; protection des consommateurs.

Chapitre V : citoyenneté

Droit de vote et d'éligibilité aux élections au Parlement europeen ; droit de vote et d'éligibilité aux élections municipales ; droit à une bonne administration ; droit d'accès aux documents ; médiateur ; droit de pétition ; liberté de circulation et de séjour ; protection diplomatique et consulaire.

Chapitre VI : justice

Droit à un recours effectif et à accéder à un tribunal impartial ; présomption d'innocence et droits de la défense ; principes de l'égalité et de proportionnalité des délits et des peines ; droit à ne pas être jugé ou puni pénalement deux fois pour une même infraction.

Chapitre VII : dispositions générales

Champ d'application ; portée des droits garantis ; niveau de protection ; interdiction de l'abus de droit.

À télécharger : www.europe.eu.int/

État

Vie politique

Administration

Collectivités locales

Justice

International

Les institutions de l'Union européenne

Les quinze États sont indépendants politiquement ; pourtant ils prennent un certain nombre de décisions applicables aux 374 millions de citoyens européens dans chaque État membre.

● Le Conseil européen

Il réunit tous les 6 mois les chefs d'État et de gouvernement.

● Le Conseil de l'Union européenne

■ Le Conseil est composé de quinze ministres (un par gouvernement) mais sa composition varie selon le sujet traité. Il réunit les ministres des Finances, les ministres de l'Agriculture... Il se réunit à Bruxelles.

■ Il prend des décisions et adopte les lois communautaires. Les impulsions majeures du Conseil des ministres sont données par la réunion périodique des chefs d'État et de gouvernement désignée sous le nom de Conseil européen (né en 1974).

● La Commission européenne

■ Elle comprend vingt membres, au moins un par État, nommés pour cinq ans, d'un commun accord, par tous les États membres. Ils doivent agir en toute indépendance. La Commission européenne siège à Bruxelles.

■ Elle propose les « lois communautaires », veille au respect des traités. Elle cherche à concilier les points de vue des États membres et joue un rôle important dans les négociations. Elle est aussi l'exécutif de la communauté. Elle est responsable devant le Parlement.

● Le Parlement européen

■ Avec l'entrée de l'Autriche, la Finlande et la Suède, le nombre des parlementaires européens est porté à 626 députés. Ils sont élus, depuis 1979, tous les cinq ans, au suffrage universel [p. 21], par les citoyens de la communauté. Il tient ses sessions plénières à Strasbourg. Son secrétariat général est installé à Luxembourg. Prochaines élections : juin 2004.

■ Il contrôle l'action de la Commission, qu'il peut censurer, et veille à l'intérêt communautaire. Il donne son avis sur les propositions de la Commission avant que le Conseil des ministres ne prenne sa décision. C'est lui qui, en dernier ressort, arrête le budget de l'Union adopté par le Conseil. Il partage la fonction législative avec le Conseil.

● Drapeau et hymne

■ Le drapeau européen comptera toujours 12 étoiles (nombre fixe indépendant du nombre d'États adhérents).

■ L'hymne européen (« Ode à la joie ») est une adaptation de la 9e symphonie de Beethoven.

LES AUTRES INSTITUTIONS

■ La Banque Centrale Européenne (BCE)

Elle définit et met en œuvre la politique monétaire unique en euro. La BCE siège à Francfort.

■ La Banque Européenne d'Investissement (BEI)

Institution financière de l'Union européenne siégeant à Luxembourg, la BEI a pour mission de favoriser le développement équilibré et la cohésion des États membres. Établissement bancaire, elle emprunte des fonds sur les marchés des capitaux qu'elle utilise pour financer des investissements dans le cadre des objectifs de la politique européenne.

■ La Cour de justice

Elle comprend 15 juges assistés de 9 avocats généraux nommés pour 6 ans.
Elle siège à Luxembourg.
Elle assure le respect du droit européen dans chaque État membre et se prononce sur les litiges concernant l'application des traités.

■ Le Comité économique et social

Il est formé de 222 représentants des différentes catégories intéressées de la vie économique et sociale (syndicats, patronat, consommateurs...).

Il siège à Bruxelles.
Il est consulté avant l'adoption de nombreuses décisions.

■ La Cour des comptes

Elle est formée d'un représentant de chaque État, soit 15 membres.
Elle siège à Luxembourg.
Elle contrôle la gestion des finances communautaires.

■ Le Comité des Régions

Il veille au respect des identités régionales.

■ Le Médiateur européen

Il peut être saisi par toute personne s'estimant victime d'un acte de mauvaise administration de la part d'une institution communautaire.

■ Une Convention pour donner une constitution à l'Europe

Président : Valéry Giscard d'Estaing.
Session inaugurale : 28 février 2002.
Lieu : à Bruxelles.
Composition : 15 représentants des chefs d'État et de gouvernement des États membres, 30 représentants des Parlements nationaux, 16 membres du Parlement européen, 2 représentants de la Commission européenne, 39 représentants des 13 pays candidats à l'entrée dans l'Union.
Objectifs : réformer les institutions, rendre l'Union plus proche des citoyens, élaborer un projet de constitution européenne.

État

Vie politique

Administration

Collectivités locales

Justice

International

L'ONU :
origine et principes

L'Organisation des Nations Unies, désignée plus souvent sous le sigle de ONU, est née en 1945. Elle a succédé à la Société des Nations ou SDN.

● L'origine de l'ONU

▬ L'expression « Nations Unies » est du président Franklin-D. Roosevelt. Dès août 1941, Winston Churchill et Franklin Roosevelt, dans la « Charte de l'Atlantique », annoncent au monde leur volonté de créer à la fin de la guerre une organisation capable de préserver la paix.

En janvier 1942, les représentants des gouvernements de 26 nations signent « La Déclaration des Nations Unies » dans laquelle ils s'engagent à poursuivre ensemble la guerre contre les puissances de l'Axe.

Les conférences de Moscou (novembre 1943), Téhéran (janvier 1944), Dumbarton Oaks (août-octobre 1944) et Yalta (février 1945) étudient les principes d'une vaste organisation internationale destinée à maintenir la paix et la sécurité.

▬ La Charte des Nations Unies a été signée le 26 juin 1945, à San Francisco, par les représentants de 50 nations. (La Pologne, qui n'avait pas été représentée à la Conférence, a signé la Charte plus tard mais est néanmoins considérée comme l'un des 51 membres originaires.)

▬ L'Organisation des Nations Unies a officiellement commencé d'exister le 24 octobre 1945, la Charte ayant été ratifiée par la Chine, les États-Unis, la France, le Royaume-Uni et l'URSS et par la majorité des autres pays signataires.

● Le rôle et les principes de l'ONU

▬ Les buts de l'ONU sont les suivants :
– maintenir la paix et la sécurité internationales,
– développer entre les nations des relations amicales,
– réaliser la coopération internationale en résolvant les problèmes internationaux d'ordre économique, social, culturel ou humanitaire et en développant le respect des droits de l'homme [p. 8] et des libertés fondamentales,
– être un centre où s'harmonisent les efforts des nations pour un monde meilleur.

▬ L'Organisation des Nations Unies est fondée sur le principe de l'égalité et de la souveraineté de ses membres. Les États membres doivent régler leurs différends de manière pacifique.

L'ONU ne peut intervenir dans les affaires intérieures d'un État.

LE FONCTIONNEMENT DE L'ONU

▪ Les membres et leur rôle

Les États qui désirent devenir membres de l'ONU doivent accepter les principes de la Charte. Ils sont admis par décision de l'Assemblée générale sur recommandation du Conseil de sécurité de l'ONU.

Les États membres peuvent être suspendus ou exclus par l'Assemblée générale sur recommandation du Conseil de sécurité.

Chaque membre dispose d'une voix.

Les langues officielles sont : l'anglais, l'arabe, le chinois, l'espagnol, le français, le russe.

Les langues de travail sont l'anglais et le français.

Le budget de l'ONU repose sur la participation des États membres. Cette participation est fixée par un comité des contributions en fonction de la population et du PIB des membres.

▪ Les casques bleus

Le terme de casque bleu apparaît en 1956, quand l'Assemblée générale de l'ONU envoie une force d'urgence des Nations Unies pour surveiller le cessez-le-feu après l'expédition franco-anglaise de Suez.

Les différents types d'opérations des casques bleus :
– des groupes d'observateurs
– des opérations pour rétablir l'ordre
– des missions de bons offices
– des groupes d'assistance
– des observateurs militaires
– des forces chargées du maintien de la paix
– des missions de vérification (pour surveiller des élections)
– des forces de protection (Forpronu) pour assurer le cessez-le-feu et l'acheminement de l'aide humanitaire.

Au début de 1997, ils étaient 24 000 militaires et civils, venus de 71 pays, au service de 17 opérations dans divers endroits du monde.

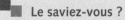

Le saviez-vous ?

Le prix Nobel de la paix a été décerné cinq fois à des entités des Nations Unies :
– au Haut Commissariat des Nations Unies pour les Réfugiés (HCR) en 1954 et 1981,
– à l'UNICEF en 1965,
– à l'Organisation internationale du Travail (OIT) en 1969,
– et aux Forces de maintien de la paix en 1988.

État

Vie politique

Administration

Collectivités locales

Justice

International

Les organes de l'ONU

Depuis l'adoption de la Charte des Nations Unies à San Francisco en 1945, le monde a connu des mutations profondes : armement atomique, processus de décolonisation, effondrement du bloc communiste. Au centre de cette mutation et des tendances contradictoires, se trouve l'Organisation des Nations Unies.

● L'Assemblée générale

■ Elle est composée des représentants de tous les pays membres de l'ONU. À sa première réunion à Londres en 1946, l'Assemblée générale comptait 51 membres, elle en compte actuellement 190 (adhésion de la Suisse en mars 2002). Grand ou petit, riche ou pauvre, un pays dispose d'une seule voix.

■ Elle siège habituellement à New York.

L'Assemblée générale, qui tient une session ordinaire annuelle, est la seule instance mondiale où sont examinés les grands problèmes internationaux (course aux armements, croissance démographique, environnement, développement économique, condition des enfants, des femmes...).

■ Elle élit, sur proposition du Conseil de sécurité, le secrétaire général de l'ONU, les membres non permanents des différents organes, les juges de la Cour internationale, vote l'admission des nouveaux membres et arrête le budget de l'Organisation.

● Le Conseil de sécurité

■ Le Conseil se compose de quinze membres. Cinq d'entre eux sont membres permanents : la Chine, les États-Unis, la France, le Royaume-Uni, la Fédération de Russie. Les dix autres membres sont élus par l'Assemblée générale pour deux ans.

■ Le Conseil de sécurité est chargé du maintien de la paix et de la sécurité internationales. Tandis que les autres organes de l'ONU adressent aux gouvernements des recommandations, le Conseil est le seul à pouvoir prendre des décisions ayant force obligatoire et à les faire appliquer par des voies allant de la négociation aux sanctions économiques et à la force armée d'observation (« les casques bleus »).

■ Les décisions doivent être prises sur un vote affirmatif de neuf membres dans lequel doivent figurer les votes affirmatifs des cinq membres permanents. C'est la règle de l'unanimité des grandes puissances que l'on appelle le « veto ». L'utilisation par l'un des cinq membres permanents de son droit de veto (vote négatif) bloque les débats et empêche la décision.

LES AUTRES ORGANES DE L'ONU

■■ Le Conseil économique et social

Composé de 54 membres élus pour 3 ans, il se réunit un mois par an.

Il reçoit mandat de l'Assemblée générale pour coordonner les activités de l'ONU dans le domaine économique et social auquel vont plus de 80 % des ressources de l'ONU. De nombreuses institutions spécialisées lui sont rattachées (UNESCO, FAO, OMS, OIT...).

■■ La Cour internationale de justice

La Cour internationale de justice, dont le siège est à La Haye, est composée de quinze juges élus pour 9 ans, conjointement par l'Assemblée générale et le Conseil de sécurité.

Elle juge les différends que peuvent lui soumettre les États. Elle rend des arrêts clarifiant des questions juridiques internationales. Elle rend aussi des avis consultatifs.

■■ Le Secrétariat

Doté d'un personnel recruté dans le monde entier, le Secrétariat est dirigé par un Secrétaire général qui applique les directives des autres organes de l'ONU et sert de porte-parole à l'organisation. Il est élu pour cinq ans par l'Assemblée générale, sur recommandation du Conseil de sécurité, il est rééligible.

■■ La Cour pénale internationale

La Cour a pour compétence les affaires qui relèvent du crime de génocide, des crimes de guerre et des crimes contre l'humanité. Créée en juillet 1998 par 160 pays, elle aura pour siège La Haye (Pays-Bas).

Cour Internationale de Justice

■■ Les secrétaires généraux de l'ONU depuis 1946

1946-1952 :	Trygve Lie (Norvégien)
1953-1961 :	Dag Hammarskjöld (Suédois)
1961-1971 :	U Thant (Birman)
1972-1981 :	Kurt Waldheim (Autrichien)
1982-1991 :	Javier Perez de Cuellar (Péruvien)
1992-1997 :	Boutros Boutros-Ghali (Égyptien)
1997- :	Kofi Annan (Ghanéen)

État

Vie politique

Administration

Collectivités locales

Justice

International

ONU : organes spécialisés

L'ONU intervient pour aider les pays en voie de développement. Son aide revêt différents aspects : enseignement, encadrement, aide financière, programme alimentaire... Ces réalisations sont l'œuvre des institutions spécialisées rattachées pour la plupart au Conseil économique et social de l'ONU.

● **L'OMS ou Organisation mondiale de la santé**
▬ Son siège est à Genève.
▬ Son but est d'amener tous les peuples au niveau de santé le plus élevé.

● **La FAO ou Organisation pour l'alimentation et l'agriculture**
▬ Son siège est à Rome.
▬ Son but est d'améliorer le développement agricole des pays en voie de développement en leur apportant une aide technique.

● **L'UNESCO ou Organisation pour l'éducation, la science et la culture**
▬ Son siège est à Paris.
▬ Son but est de contribuer à la paix en développant la collaboration des nations dans les domaines de l'alphabétisation, de la protection du patrimoine culturel, des droits de l'homme.

● **L'OIT ou Organisation internationale du travail**
▬ Son siège est à Genève.
▬ Son but est l'élaboration d'un droit international du travail et d'un programme d'amélioration des conditions de travail.

● **Le FMI ou Fonds monétaire international**
▬ Son siège est à Washington.
▬ Son rôle est de faciliter le bon fonctionnement des mécanismes monétaires entre les pays pour éviter une crise monétaire internationale.

● **La Banque Mondiale**
▬ Son siège est à Washington.
▬ Son but est d'aider, par des prêts et une assistance technique, les pays en développement à s'engager dans la voie d'une croissance économique.

● **L'OMC ou Organisation mondiale du commerce**
▬ Son siège est à Genève.
▬ Créée en janvier 1995, son but est de permettre aux 143 pays membres (Chine comprise) de régir leurs échanges commerciaux. Les accords de l'OMC constituent les règles juridiques pour la libéralisation du commerce international.

LE SYSTÈME DES NATIONS UNIES

| COUR INTERNATIONALE DE JUSTICE | ASSEMBLÉE GÉNÉRALE | CONSEIL ÉCONOMIQUE ET SOCIAL | CONSEIL DE SÉCURITÉ | SECRÉTARIAT | CONSEIL DE TUTELLE |

① • Grandes commissions et autres comités de session
• Comités permanents et organes ad hoc
• Autres organes subsidiaires et organes apparentés

② ■ AIEA
Agence internationale de l'énergie atomique

③ ▸ CNUCED
Conférence des Nations Unies sur le commerce et le développement
▸ CNUEH
Centre des Nations Unies pour les établissements humains (Habitat)
▸ FISE
Fonds des Nations Unies pour l'enfance
▸ FNUAP
Fonds des Nations Unies pour la population
▸ HCR
Haut Commissariat des Nations Unies pour les réfugiés
▸ INSTRAW
Institut international de recherche et de formation pour la promotion de la femme
▸ PNUCID
Programme des Nations Unies pour le contrôle international des drogues
▸ PNUD
Programme des Nations Unies pour le développement
▸ PNUE
Programme des Nations Unies pour l'environnement
▸ UNITAR
Institut des Nations Unies pour la formation et la recherche
▸ UNU
Université des Nations Unies
▸ WFC
Conseil mondial de l'alimentation
▸ UNIFEM
Fonds de développement des Nations Unies pour la femme

④ ▸ CNUCED/GATT
Centre du commerce international
▸ PAM
Programme alimentaire mondial

⑤ • COMMISSIONS TECHNIQUES
• COMMISSIONS RÉGIONALES
• COMITÉS DE SESSION ET COMITÉS PERMANENTS
• ORGANES D'EXPERTS, ORGANES AD HOC ET ORGANES APPARENTÉS

⑥ ■ OIT
Organisation internationale du travail
■ FAO
Organisation des Nations Unies pour l'alimentation et l'agriculture
■ UNESCO
Organisation des Nations Unies pour l'éducation, la science et la culture
■ OMS
Organisation mondiale de la santé
■ Groupe de la Banque mondiale
■ FMI
Fonds monétaire international
■ OACI
Organisation de l'aviation civile internationale
■ UPU
Union postale universelle
■ UIT
Union internationale des télécommunications
■ OMM
Organisation météorologique mondiale
■ OMI
Organisation maritime internationale
■ OMPI
Organisation mondiale de la propriété intellectuelle
■ FIDA
Fonds international de développement agricole
■ ONUDI
Organisation des Nations Unies pour le développement industriel
■ OMC
Accord général sur la réglementation du commerce international

⑦ • Comité d'état-major
• Comités permanents et organes ad hoc

⑧ Opérations de maintien de la paix

▸ Programmes et organismes des Nations Unies (la liste a uniquement une valeur indicative)
■ Institutions spécialisées et autres organisations autonomes faisant partie du système
• Autres commissions, comités et organes

État

Vie politique

Administration

Collectivités locales

Justice

International

L'OTAN

L'Organisation du traité de l'Atlantique Nord est née après la Seconde Guerre mondiale et crée une alliance militaire entre dix-neuf États. Le rôle principal des forces armées de l'OTAN est de garantir la sécurité et l'intégrité territoriale des États membres.

● La création de l'OTAN et son élargissement

■■■ Le traité de l'Atlantique Nord ou « pacte atlantique » fut signé le 4 avril 1949 à Washington entre la Belgique, le Canada, le Danemark, les États-Unis, la France, l'Islande, l'Italie, le Luxembourg, la Norvège, les Pays-Bas, le Portugal et le Royaume-Uni. La Grèce et la Turquie adhèrent en 1952, l'Allemagne fédérale en 1955, l'Espagne en 1982, la Pologne, la République tchèque et la Hongrie en mars 1999.

■■■ La France reste membre de l'alliance politique mais ne participe plus au système de défense depuis 1966.

● Le but de l'OTAN

■■■ Le traité de l'Atlantique Nord est un traité d'alliance contre toute attaque armée du territoire de l'un des États signataires en Europe ou en Amérique du Nord.

■■■ Cette organisation était née de la volonté des Américains de contenir la poussée du communisme en Europe et de la crainte des Européens de ne pouvoir seuls résister à cette pression. Depuis la fin de la division idéologique et militaire entre l'Est et l'Ouest, la Russie a adhéré à une programmation de coopération militaire. L'élargissement dans l'Alliance Atlantique des états issus de l'ex-bloc communiste est en cours. Actuellement, neuf pays sont candidats : Slovénie, Roumanie, Lituanie, Lettonie, Estonie, Slovaquie, Bulgarie, Macédoine et Albanie.

● L'organisation de l'OTAN

■■■ Le Conseil de l'Atlantique Nord est composé des représentants des dix-neuf gouvernements. Il se réunit deux fois par an. Il reçoit les avis du comité militaire composé des représentants des états-majors.

■■■ L'OTAN dispose de forces de moyenne portée ayant un rôle de dissuasion et des forces nucléaires tactiques.

● Les relations entre l'Union européenne et l'OTAN

L'OTAN, organisation militaire, reste le fondement de la défense collective de l'Europe. La complémentarité avec l'UE, qui n'est pas une alliance militaire, devrait aboutir à la définition de nouvelles formes de coopération en matière de défense militaire.

● L'Europe et la défense

L'UE disposera, en 2003, d'une force d'intervention capable de se déployer sur le territoire européen en moins de 60 jours pour accomplir des missions humanitaires, de maintien et de rétablissement de la paix.

L'ÉLARGISSEMENT DE L'OTAN

• **4 avril 1949**
Traité de Washington, création de l'Organisation du traité de l'Atlantique Nord.
• **5 mai 1955**
Adhésion de l'Allemagne fédérale.
• **10 mars 1966**
La France quitte le commandement militaire intégré (elle assiste de nouveau à ses sommets depuis 1994).
• **9 novembre 1989**
Chute du mur de Berlin.
• **3 octobre 1990**
Réunification allemande, le territoire de l'ex-RDA est rattaché à l'OTAN.

• **1994**
Programme du « partenariat pour la paix » (coopération avec les États issus de l'ex-URSS et de l'Europe de l'Est).
• **3 juin 1996**
Accord sur l'« identité européenne de défense ».
• **12 mars 1999**
Adhésion de trois nouveaux membres : la Pologne, la République tchèque et la Hongrie.
• **28 mai 2002**
Création d'un Conseil OTAN-Russie.

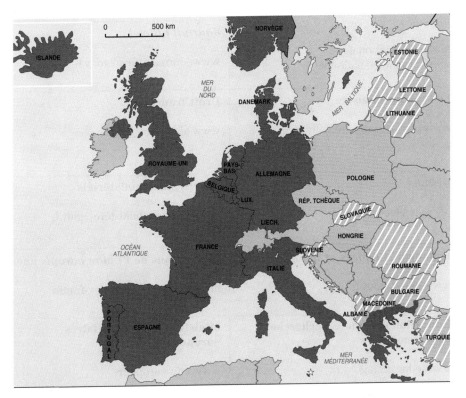

 Pays membres avec les États-Unis et le Canada

 Nouveaux adhérents

 Candidats

Les principales bases de l'OTAN se situent en Grande-Bretagne, Islande, Groenland, Italie, Espagne, Turquie, Chypre, Maroc.

Comment obtenir rapidement des informations

● **Par Internet : sites institutionnels**

Le Président de la République Présidence de la République www.elysee.fr	**Intérieur** www.interieur.gouv.fr
Le Parlement Sénat www.senat.fr	**Justice** www.justice.gouv.fr
Assemblée nationale www.assemblee-nationale.fr	*Journal officiel* www.journal-officiel.gouv.fr
Le Premier ministre www.premier-ministre.gouv.fr	**Droit français** www.legifrance.gouv.fr
Défense www.defense.gouv.fr	**Autres sites ministériels** www.[nom du ministère].gouv.fr
Économie, finances et industrie www.minefi.gouv.fr	**Institutions de l'Union européenne** http://europa.eu.int/index-fr.htm
Éducation nationale, recherche et technologie www.education.gouv.fr	**Ministère français/Affaires européennes** www.info-europe.fr
Fonction publique, réforme de l'État et décentralisation www.fonction-publique.gouv.fr	**Annuaire des sites institutionnels par pays** www.gksoft.com/govt/en

● Par Internet : vie pratique

Site de l'administration française

(concours de la fonction publique, vote par procuration, formulaires en ligne…)
www.service-public.fr

Formulaires administratifs

www.interieur.gouv.fr

Site pour les collectivités locales

www.ternova.com

Site de l'Union européenne

www.europa.eu.int/

Emploi

www.anpe.fr

Réseau national des Centres d'information sur les droits de la femme

www.infofemmes.com

Conseils et démarches lors d'un décès

www.afif.asso.fr

Pratique et familial

www.dossierfamilial.com

● Par téléphone

Chaque jour, du lundi au vendredi, les centres interministériels de renseignements administratifs (CIRA) renseignent, gratuitement, le public, par téléphone, dans les domaines suivants :
affaires sociales et santé, concurrence et consommation, douanes, éducation nationale, emploi et formation professionnelle, équipement, fiscalité, fonction publique, intérieur et collectivités locales, justice, Sécurité sociale, travail, trésor, urbanisme et logement.

• Soit par des numéros spécifiques :
Bordeaux   05 56 11 56 56
Lille   03 20 49 49 49
Marseille   04 91 26 25 25
Metz   03 87 31 91 91
Paris   01 40 01 11 01
Rennes   02 99 87 00 00

• Soit par un numéro unique :
08 36 68 16 26 (0,337 €/min) de 9 h à 17 h.

• Soit sur Internet :
www.service-public.fr

● Par le *Journal officiel*

L'ensemble des textes législatifs et réglementaires de la République française est disponible :
– à la librairie du Journal officiel
26, rue Desaix, 75015 Paris
Tél 01 40 58 76 00
– par correspondance
Service information/Diffusion
26, rue Desaix 75727 Paris Cedex 15
– par internet
www.journal-officiel.gouv.fr
– dans votre mairie

Quelques démarches
de la vie courante

Démarches	Où en faire la demande ? Coût	Durée de validité	Délai / Observations
Carte nationale d'identité	Mairie (en aucun cas obligatoire sur le territoire national) Gratuit	10 ans	6 semaines. Fournir un extrait d'acte de naissance.
Passeport	Mairie - Préfecture Sous-préfecture Timbre fiscal	5 ans	10 jours à 3 semaines. À retirer soi-même.
Permis de conduire	Par l'intermédiaire d'une auto-école ou en candidat libre à la préfecture ou sous-préfecture du domicile Gratuit	illimitée	2 à 6 semaines après la réussite. En cas de changement matrimonial (mariage, divorce), l'obtention d'un nouveau formulaire est gratuite.
Carte grise	Préfecture, sous-préfecture du domicile (à Paris, mairie du domicile) Taxe régionale	illimitée	D'immédiat à 48 h. En cas de changement de domicile, l'obtention d'une nouvelle carte est gratuite.
Extrait d'un acte de l'état civil : naissance - mariage - décès	À la mairie où l'acte a été fait Gratuit	3 mois	48 h à 8 jours. Pour une demande écrite, joindre une enveloppe timbrée pour la réponse.
Certificat de nationalité	Greffe du tribunal d'instance du lieu du domicile	illimitée	8 jours. Livret de famille ou acte de naissance.
Fiche d'état civil	Supprimée par décret du 26 décembre 2000		
Attestion de domicile	Par une déclaration sur l'honneur	–	Mais il est souvent exigé la présentation d'une quittance (loyer, EDF).
Carte de séjour	Préfecture	1 an	Autorisation de résidence en France pour un étranger.

Démarches	Où en faire la demande ? Coût	Durée de validité	Délai / Observations
Extrait de casier judiciaire	Casier judiciaire national 107, rue de Landreau 44079 Nantes Cedex Gratuit	3 mois	1 à 3 semaines. Joindre une fiche individuelle d'état civil plus une enveloppe timbrée à votre adresse. www.justice.gouv.fr
Carte d'électeur	Mairie du domicile S'inscrire sur les listes électorales avant le 31 décembre précédant les élections. Gratuit	–	Pour être électeur : – être de nationalité française ; – avoir 18 ans ; – jouir de ses droits civils et politiques.
Copie certifiée conforme	Mairie ou commissariat ou gendarmerie Gratuit	–	De suite ou 24 h. Présenter l'original et la photocopie.
Permis de chasser	Mairie ou préfecture Payant	–	Permis antérieur, attestation d'assurance.
Permis de pêche	Association de pêche (le plus souvent chez un marchand d'articles de pêche) Payant	1 an	Aucun. La taxe varie en fonction de de la catégorie des rivières.
Autorisation de sortie du territoire	Mairie du domicile	–	De suite. Présenter la carte d'identité du mineur et le livret de famille.
Extrait actes naissance - mariage - décès à l'étranger	Service central de l'état civil BP 1056 44035 NANTES CEDEX		
Certificat d'hérédité	Mairie du domicile du défunt ou des héritiers	illimitée	De suite. Livret de famille du défunt.
Testament	Notaire ou rédigé par vous-même	illimitée	Disposition pour régler la succession de vos biens.

■ Pour tout savoir

Vous trouverez l'essentiel des formulaires, les conseils pratiques indispensables et les adresses locales sur le site www.service-public.fr

Quels papiers conserver ?

Quels papiers ?	Combien de temps ?	À quoi servent-ils ?
Votre état civil Livret de famille Livret de paternité	Indéfiniment Indéfiniment	Remis aux époux le jour du mariage. Remis par la Caisse d'allocations familiales
Pacte civil de solidarité (PACS) Contrat entre 2 personnes de sexe différent ou de même sexe	Indéfiniment	Enregistré au greffe du tribunal d'instance, ouvre des droits nouveaux et organise la vie commune.
Votre parcours de citoyenneté Attestation de recensement Certificat de participation à la journée d'appel de préparation à la défense	Indéfiniment	Remis à la mairie de votre domicile, et après la journée d'appel, ces deux documents sont indispensables pour passer un examen ou un concours public.
Vos études Les diplômes	Indéfiniment	Ils attestent de votre qualification professionnelle, de votre niveau d'études. Ne jamais donner l'original !
Votre travail Bulletins de paie Certificats de travail	Indéfiniment Indéfiniment	Ils permettent de faire valoir vos droits à la retraite et de calculer le montant de votre pension. Ils vous permettent d'attester de votre qualification professionnelle et des fonctions que vous avez occupées.
Votre santé Dossiers médicaux importants Carte vitale	Indéfiniment	Ils permettent de connaître l'état des maladies infectieuses ou chroniques, les opérations chirurgicales subies.
Votre logement Titre de propriété Bail, quittances de loyer et de charges	Indéfiniment 5 ans	Atteste la propriété du bien immobilier (original conservé par le notaire). Le propriétaire dispose de ce délai pour réclamer des sommes dues.

Quels papiers ?	Combien de temps ?	À quoi servent-ils ?
Votre automobile La facture d'achat	Jusqu'à la revente et au moins 2 ans	Article du Code civil.
Certificat de situation administratif (non-gage)	Validité 1 mois	Délivré par la préfecture au propriétaire du véhicule.
Certificat de cession d'un véhicule	À remettre dans les 15 jours à la préfecture pour le vendeur	Établi en deux exemplaires. Vous devez délivrer à l'acquéreur le certificat de non-gage, le certificat de cession, la carte grise (barrée avec la mention « vendu le ») suivie de votre signature, le certificat et le rapport du contrôle technique de moins de 6 mois, si votre véhicule a 4 ans.
Vos assurances Le contrat d'assurance	Jusqu'à sa résiliation	Il vous permet de connaître avec précision les risques pour lesquels vous êtes couverts et vos obligations envers votre assureur.
Les quittances des primes	2 ans	Article L 114-1 du Code des assurances.
Votre compte bancaire ou CCP Talons et relevés bancaires	30 ans	Ils serviront de preuve en cas de litige sur un paiement. Les banques ne gardent les relevés de compte que 10 ans (délai pour demander la rectification d'une erreur de compte).
Bordereaux de versement, ordres de virement Photocopies des chèques pour les sommes importantes	Jusqu'à ce que vous en trouviez trace sur un relevé	Jusqu'au relevé, ils sont la seule preuve des opérations bancaires que vous avez effectuées.
Chèque bancaire Chèque postal	Moins de 3 ans Moins d'un an	Passé ce délai, vous ne pourrez plus les encaisser.
Vos impôts et taxes Redevance de l'audiovisuel	3 ans	Décret du 17 mars 1968.
Déclarations de revenus et justificatifs, avis d'imposition	4 ans	Article 1966 du Code des impôts. Le fisc peut vous demander des arriérés d'impôt sur cette période s'il s'aperçoit d'une erreur ou d'une fraude.

Passer un contrat

	Vous passez un contrat...	qui entraîne droit et obligations
Vous vous mariez	CONTRAT DE MARIAGE, signé par les époux devant un notaire avant le mariage civil	Gestion des biens et propriétés de chacun des époux, répartition en cas de dissolution du mariage.
Vous concluez un PACS	CONTRAT, signé par deux personnes, enregistré au greffe du tribunal d'instance	Organise les modalités de la vie commune dans un cadre juridique stable.
Vous louez un logement	CONTRAT DE BAIL, signé par le propriétaire et le locataire	Le propriétaire offre la jouissance du logement. Le locataire paye un loyer et entretient le logement.
Vous vous assurez	POLICE D'ASSURANCE entre l'assureur et l'assuré	La compagnie d'assurances assure un dédommagement en cas de sinistre. L'assuré paye une prime.
Vous faites ouvrir les compteurs. Vous demandez le téléphone	CONTRAT entre EDF-GDF et l'usager CONTRAT entre les Telecom et l'abonné	L'électricité, le gaz ou le téléphone sont fournis. L'usager paye les consommations et l'abonnement.
Vous demandez un crédit	CONTRAT de CRÉDIT passé entre vous et la société de crédit	Le vendeur fournit la marchandise. La société de crédit paye le vendeur. Le client rembourse le prix de la marchandise et les intérêts.
Vous faites réparer, entretenir	CONTRAT de GARANTIE avec le vendeur, ou CONTRAT d'ENTRETIEN avec une société	Le vendeur, l'artisan, la société d'entretien exécutent certains travaux. Le client paye.
Vous voyagez	CONTRAT avec la SNCF ou une compagnie de transports, matérialisé par le TITRE de TRANSPORT	La SNCF assure le transport des voyageurs avec obligation de sécurité. Le voyageur doit être muni d'un billet composté.
Vous vous faites soigner	CONTRAT entre le MÉDECIN, le DENTISTE, l'ÉTABLISSEMENT HOSPITALIER et le malade	Le médecin, l'hôpital assurent le diagnostic et s'engagent à mettre en œuvre les moyens de la guérison. Le malade ou les assurances payent.

Impôts

Dans quelle situation devez-vous faire une déclaration de revenus aux impôts ?

Vous êtes célibataire, sans personne à charge	Vous avez moins de 18 ans, deux possibilités	• Vos parents ajoutent vos revenus aux leurs, et vous ne faites pas de déclaration. • Vos parents demandent l'imposition séparée : vous faites une déclaration.
	Vous avez 18 ans dans l'année, trois possibilités	• Vos parents ajoutent à leurs revenus ceux dont vous avez disposé jusqu'à la date anniversaire de vos 18 ans. Vous déclarez les revenus dont vous avez disposé à partir de cette date. • Vos parents demandent une imposition séparée pour les revenus dont vous avez disposé jusqu'à vos 18 ans. • Vous demandez le rattachement au foyer fiscal de vos parents pour toute l'année.
	Vous avez plus de 18 ans	• **Vous faites votre déclaration.** Toutefois, vous pouvez demander le rattachement au foyer fiscal de vos parents si vous entrez dans l'un des cas suivants : - vous avez moins de 21 ans ; - vous avez moins de 25 ans et vous êtes étudiant ; - vous effectuez votre service national.
Vous êtes célibataire, vous avez un enfant à charge		• **Vous constituez un foyer fiscal distinct de vos parents.** Toutefois vous pouvez demander le rattachement au foyer fiscal de vos parents si vous entrez dans l'un des cas suivants : - vous avez moins de 21 ans ; - vous avez moins de 25 ans et vous êtes étudiant ; - vous effectuez votre service national ; - vous êtes infirme.
Vous êtes marié, avec ou sans enfants à charge		• **Vous constituez un foyer fiscal à part.** Toutefois vous demandez le rattachement au foyer fiscal de vos parents ou des parents de votre conjoint(e) si vous ou votre conjoint(e) entrez dans l'une des situations suivantes : - moins de 21 ans ; - étudiant(e) de moins de 25 ans ; - service national ; - personne infirme.

Être locataire

Démarches	Avant la location Vous arrivez dans l'appartement	Pendant la location Vous habitez	En fin de location Vous quittez l'appartement
Contrat de location	• Vous devez exiger au moment de signer : – la copie de la dernière quittance de loyer ; – le montant réel des charges de l'année précédente ; – la copie de l'état des lieux au départ du précédent locataire. • Demandez-les à votre propriétaire ou à l'agent immobilier (mandataire du propriétaire).	Vous relisez chaque année votre contrat qui contient les conditions d'augmentation du loyer.	• Vous prévenez votre propriétaire 3 mois avant de quitter les lieux, par lettre recommandée avec accusé de réception. • Relisez votre contrat : chapitre résiliation.
État des lieux	Vous notez par écrit l'état de l'appartement, pièce par pièce en présence du propriétaire, ou à défaut vous faites constater par un huissier. Dans ce cas, les honoraires sont à partager avec le propriétaire.	Vous devez demander à votre propriétaire l'autorisation de faire des travaux.	Vous faites un nouvel état des lieux qui sera à comparer au 1er. En cas de dégradation importante, le propriétaire peut vous demander des dédommagements.
EDF-GDF	Vous demandez l'ouverture des compteurs (délai à prévoir). Téléphonez à l'agence locale EDF (adresse dans l'annuaire) pour prendre rendez-vous.	Vérifiez les relevés ; en cas de facture erronée, prenez contact avec l'agence locale.	Prévenez votre agence locale pour le transfert d'abonnement (au plus tard 3 jours avant le départ). Vous téléphonez à l'agence locale pour prendre rendez-vous afin de faire fermer les compteurs.
Eau chaude	Vous avez un compteur individuel : demandez le relevé de celui-ci au syndic. Son adresse vous sera donnée par votre propriétaire.	Facilitez l'accès aux compteurs pour le relevé (environ 2 fois par an).	Demandez un relevé du compteur au syndic.

Démarches	Avant la location Vous arrivez dans l'appartement	Pendant la location Vous habitez	En fin de location Vous quittez l'appartement
Téléphone	Vous demandez le branchement payant ou le rétablissement de la ligne. Téléphonez à l'agence commerciale en faisant le 1014. L'appel est gratuit. Si vous déménagez, la même agence effectue la résiliation et l'ouverture de la nouvelle ligne		Vous demandez la coupure de la ligne ou son transfert. Téléphonez au moins 8 jours avant et signalez votre nouvelle adresse.
Assurances	• Vous devez vous assurer obligatoirement contre « l'explosion, l'incendie, les dégâts des eaux ». • Vous pouvez vous assurer contre le vol. Consultez différentes compagnies d'assurances et choisissez.	Vous avez fait des achats importants (meubles, chaîne hi-fi, magnétoscope...) : faites augmenter le capital assuré.	• Vous faites transférer vos assurances sur le nouveau logement en donnant sa description ou • Vous résiliez le contrat en respectant le délai de préavis : relisez votre contrat dans les deux cas.
Allocation de logement ou Aide personnalisée au logement	Vous effectuez une demande auprès de la Caisse d'allocations familiales de votre domicile pour connaître la possibilité d'aides. Adressez-vous à la mairie pour avoir l'adresse.	Vous bénéficiez d'une aide : faites remplir l'attestation envoyée par la Caisse concernant le montant de votre loyer (1 fois par an).	Vous signalez à la Caisse le changement d'adresse, le nouveau loyer. Vous demandez si la prime de déménagement peut vous être versée.
Taxe d'habitation	Vous étiez locataire précédemment : vous payez pour le logement précédent. Vous devez signaler votre nouvelle adresse au Centre des impôts.		Vous aurez à payer la taxe d'habitation pour l'année en cours : signalez votre changement au Centre des impôts.

Coordination artistique : Danielle Capellazzi
Illustrations et cartes : Jean-Pierre Magnier
Illustrations des pages 123 et 145 : Nicolas Barral
Maquette intérieure : Thierry Méléard
Maquette de couverture : Favre-Lhaik
Illustration de couverture : Guillaume de Montrond – Arthur Vuarnesson
Crédits photographiques :
logo de l'administration française (p. 5)
archives Nathan (p. 39, 43, 45)

N° projet : 10094899 - (I) - 10 - OSBT 80° - C2000 - Août 2002
Imprimé par CLERC S.A. - 18200 St-Amand-Montrond - N° Imprimeur : 7911